O PODER DA ORAÇÃO

Rezar com o Espírito Santo

Volume 6

EDITORA
SANTUÁRIO

Projeto Editorial: Pe. Flávio Cavalca de Castro, C.Ss.R.

Seleção de Textos: Pe. Carlos Eduardo Catalfo, C.Ss.R.

IMPRIMA-SE
Por comissão do Arcebispo Metropolitano de Aparecida,
Dom Orlando Brandes.
Pe. Marlos Aurélio da Silva, C.Ss.R.
Superior Provincial
Aparecida, 22 de fevereiro de 2023

ISBN 978-65-5527-288-8

1ª impressão

Rua Pe. Claro Monteiro, 342 – 12570-045 – Aparecida-SP
Tel.: 12 3104-2000 – Televendas: 0800 - 0 16 00 04
www.editorasantuario.com.br
vendas@editorasantuario.com.br

Enviai-me o Espírito Santo,
ó Senhor,
que me faça conhecer
quem sou eu
e quem tu és.

São João Maria Vianney

SUMÁRIO

PREFÁCIO

UM POUCO DE HISTÓRIA E DE CATEQUESE SOBRE O ESPÍRITO SANTO

Padre Eduardo Catalfo, C.Ss.R.
Reitor do Santuário Nacional

Páscoa, Pentecostes e a vida segundo o Espírito

Cinquenta dias depois do Domingo da Páscoa na Ressurreição do Senhor, a Igreja celebra com especial alegria a Solenidade de Pentecostes, encerrando o assim chamado tempo pascal na liturgia cristã.

Ao celebrar a vinda do Espírito Santo, Pentecostes coroa o mistério pascal e marca o grande dom do Cristo Ressuscitado. Todos os autores do Novo Testamento destacam, com coerência exemplar, a ligação estreita e forte que une Páscoa e Pentecostes, como duas faces de um mesmo mistério.

A palavra *Pentecostes*, originalmente da língua grega, significa "cinquenta dias depois", ou seja, após o dia da festa da Páscoa do Senhor. No Evangelho de Lucas Jesus diz de Si mesmo: "*Eu enviarei sobre vós aquele que meu Pai prometeu*" (Lc 24,49). Portanto, Pentecostes realiza a promessa do próprio Senhor, a presença do enviado de Deus, em Jesus Cristo, o Espírito Santo, também chamado de Paráclito e de Consolador.

O Espírito Santo é a força viva de Deus que nos guia, nos orienta e que ilumina os caminhos de todos os povos e nações, sempre na direção do bem, da justiça e da paz. É próprio do Divino Espírito Santo ser fonte de comunicação e entendimento entre os seres humanos. Nele estão a fonte e a origem da fraternidade universal, da justiça e do bem comum. O Espírito Santo de Deus é alegria e missão. Ele nos faz todos membros de um mesmo corpo, em Deus.

A Bíblia escreve a solenidade de Pentecostes como uma festa da Igreja cristã primitiva, herdada da cultura festiva do povo do Antigo Testamento. Jesus envia o seu Espírito, conforme havia prometido, para que os fiéis fossem capazes de cumprir o mandamento do amor e do serviço. Na liturgia romana, os textos bíblicos expressam com muita clareza o sentido deste especial evento, que marca positivamente o início da evangelização. Foi assim que a Igreja começou!

Sequência de Pentecostes: Um hino ao Espírito Santo

Uma das mais belas orações dirigidas ao Espírito Santo é chamada *Sequência de Pentecostes*. Rezada na solenidade que marca a vinda do Espírito Santo, este hino da tradição litúrgica da Igreja destaca as inúmeras qualidades, ações e características do Espírito de Deus.

Entre outras riquezas, a *Sequência de Pentecostes* recorda que o Espírito Santo é vida, fogo, luz, calor e origem de todos os dons de Deus. Nesta prece, o Paráclito envia dos céus um raio de luz e de esperança. Ele é o verdadeiro doador dos sete dons, o consolo que acalma, o hóspede da alma e o doce alívio, que sempre vem socorrer a fragilidade humana.

Nesta oração, o Santo Espírito é também descrito como descanso, tranquilidade na hora da aflição, vento brando que alivia o calor, remédio para o doente, portador da bênção e da luz bendita! O Espírito é chama ardente que ilumina e crepita.

A beleza da *Sequência de Pentecostes* é, sobretudo, lembrar que o Espírito Santo é o *Pai dos pobres*, capaz de nos purificar, aquecer e abençoar! Esta antiga oração lembra ainda que nenhum bem ou socorro protege o ser humano que se distancia da luz de Cristo. É o próprio Deus que unge sua Igreja com o óleo santo e protetor!

Este belíssimo hino nos faz perceber que o Espírito Santo deve ser entendido como criador, portador de dons celestiais, perfeito intercessor, unção divina e salutar. Como doador de dons, o Espírito socorre os aflitos, cura os enfermos, nos consola e acalma!

Veni Creator Spiritus (Vem, Espírito Criador)

Outra oração muito querida e conservada pela tradição litúrgica do catolicismo é chamada *Veni Creator Spiritus* (Vem, Espírito Criador). À semelhança da *Sequência de Pen-*

tecostes, esta prece evidencia o poder do Espírito Santo que faz a Igreja de Cristo crescer.

Vibrante e alegre, este antiquíssimo hino recorda que o Santo Espírito nunca vai deixar de acompanhar a vida da Igreja, conduzindo mentes e corações na direção do amor fraterno, orientando bons propósitos e inspirando ações concretas em favor da construção de um mundo melhor e mais feliz para todos.

Nesta prece, o Espírito Santo é descrito a partir de imagens tão dinâmicas quanto variadas. O Paráclito é compreendido como criador, portador de dons celestiais, intercessor, unção divina e salutar, doador de dons, iluminador das mentes e dos corações, capaz de nos fazer deixar o mal pra trás!

Os frutos do Espírito Santo são perfeições que Deus modela em nós

Baseada na Carta de São Paulo aos Gálatas, a Tradição da Igreja enumera doze frutos do Espírito: caridade, alegria, paz, paciência, longanimidade, bondade, benignidade, mansidão, fidelidade, modéstia, continência e castidade.

Estes mesmos dons e frutos, doze perfeições que Espírito Santo molda em nós, são oportunamente apresentados com profundidade pelo Catecismo da Igreja Católica (conferir os números 1830 a 1845).

Ao contrário das obras da carne, que representam o ser humano fechado em si mesmo, nos próprios instintos mundanos e na oposição ao Reino de Deus, os frutos do Espírito nos elevam e nos abrem a Deus e aos irmãos.

Enquanto as obras da carne nos fazem pensar naquilo que é transitório e passageiro, os frutos do Espírito dão vida. Os cristãos são chamados a viver estas doze perfeições que o Espírito de Deus modela em nós!

O Espírito Santo é descrito com frases da Escritura

Uma herança particular do concílio de Constantinopla I (381) é a doutrina sobre o Espírito Santo que, com bases mais bíblicas, é proclamada na liturgia latina nestes termos:

"Creio no Espírito Santo, Senhor e doador da vida ...

Que junto com o Pai e o Filho é adorado e glorificado ...

Ele que falou pelos Profetas".

Para descrever e classificar a ação do Espírito Santo, os padres conciliares de Constantinopla I escolheram frases da Bíblia: O Espírito Santo é o Senhor (2Cor 3,17), o Espírito Santo é doador de vida (2Cor 3,6; Rm 8,2), o Espírito Santo procede do Pai (Jo 15,26), o Espírito Santo falou pelos profetas (2Pd 1,21).

Sem sacrificar o necessário rigor teológico, o credo de Constantinopla I consolida os ensinamentos do concílio de Niceia (325). Desenvolvendo a fé proclamada pelo anterior, o *novo credo* foi redigido num estilo mais adequado para a recitação pública e seus conteúdos são mais devocionais, ou seja, mais adaptados à piedade popular.

Quando falamos da vinda do Espírito Santo, não podemos esquecer que a ação do Espírito vai além dos limites da própria Igreja, até atingir homens e mulheres de boa vontade. Onde quer que se faça o bem, a justiça e a paz, o Espírito Santo está presente e atuante porque Ele é a origem de toda forma de perfeição e bondade.

Lições da Bíblia sobre o Espírito Santo

Vários textos bíblicos do Novo Testamento lembram que Jesus nos envia para a missão, mas é a força do Espírito que orienta a maneira certa de anunciar o Reino de Deus. Jesus nos chama e nos acolhe, principalmente quando estamos cansados e aflitos.

A Bíblia nos ensina ainda que viver segundo o Espírito é deixar-se guiar pelos dons de Deus. O Consolador nos ensina as melhores lições da verdadeira fé. Ele nos faz reconhecer que Jesus é o Senhor. É o Espírito Santo que nos inspira a praticar o bem, viver na justiça, bendizer a Deus, superar preconceitos e anunciar suas obras. Conduzidos pelo Perfeito Intercessor, a caridade da partilha livra da morte e purifica de todo pecado.

O testemunho bíblico também ensina que a fé em Jesus Cristo e os dons do Espírito Santo transformam em graça o que em nós ainda não é de Deus. Socorrer os pobres, não ser indiferentes a eles e repartir o pão com generosidade é próprio de quem se deixa guiar pelo Espírito Santificador.

A Sagrada Escritura lembra que é graça do Espírito Santo reconhecer e proclamar que

Jesus é o Senhor. A diversidade de talentos enriquece a Igreja de Cristo e concorre para sua unidade, sempre respeitando as diferenças. Na origem de todos os dons está um só e o mesmo Espírito. Seus frutos são generosamente gratuitos.

O Espírito Santo nos Padres da Igreja

Santo Irineu, já no início da era cristã, apresenta as primeiras intuições que vão formar, sistematizar e fazer desenvolver a fé no Espírito Santo. Ao lado de outros eminentes pensadores do cristianismo, carinhosamente chamados de *Padres da Igreja*, o bispo de Lion percorre os primeiros passos para construir a compreensão teológica sobre o Espírito Santo, sempre a partir de uma concepção dinâmica.

É com Tertuliano, Hipólito de Roma e Orígenes que o estudo teológico sobre a Terceira Pessoa da Santíssima Trindade continua a se definir com mais clareza. No pensamento de Tertuliano, Pai, Filho e Espírito Santo mantém uma relação semelhante àquela que ocorre entre raiz, ramo e fruto, ou então, entre a fonte, o rio e o riacho, ou ainda, entre o sol, o raio e a ponta deste raio (*Contra Práxeas,* 87. Aqui, pela primeira vez, é usada a palavra *Trindade*).

Para Hipólito de Roma, o Espírito Santo é aquele que está em tudo: é nele, no Espírito, que cremos no Filho (*Contra Noeto*, 12). É de Orígenes, o grande, a primeira formulação mais organizada e sistemática sobre a divindade do Espírito. O ensinamento de santo Atanásio também foi decisivo para o desenvolvimento da doutrina trinitária.

Basílio de Cesareia, Gregório de Nissa e Gregório Nazianzeno formularam, magistral e definitivamente, a mais completa doutrina sobre a Santíssima Trindade. Ao explicar a semântica do mistério de Deus, os três padres capadócios elaboraram uma distinção lógica entre *Pessoa* e *Natureza*, construindo a fórmula que se tornou regra para a fé da Igreja: *em Deus há uma Natureza e três Pessoas*.

Reconhecer, definir e proclamar a divindade do Espírito Santo

Ao ocupar-se com a linguagem sobre a Santíssima Trindade, o primeiro concílio de Constantinopla, realizado onde atualmente é a cidade de Istambul, na Turquia, teve o grande mérito de proclamar a divindade do Espírito Santo.

Além de referir-se à intervenção de Deus-Pai na criação do céu e da terra, o credo de Constantinopla I amplia notavelmente a definição do Espírito Santo, em resposta às controvérsias pneumatológicas que surgiram nos anos anteriores ao concílio.

Iluminados pelo mistério de Pentecostes e pelos dons do Espírito, suplicamos ao Senhor vida longa e feliz! Que no dia a dia da existência humana, com a Graça de Deus, possamos ter nossas mais importantes súplicas sempre atendidas pelo Senhor Deus da Vida: "*Dai-nos vossos frutos, ó Divino Espírito Santo!*"

INTRODUÇÃO

ORAÇÃO
É UM ENCONTRO DE AMOR

Deus ama você.

Deus ama você com um amor maior. Foi por isso que Deus criou você e quer fazê-lo feliz. Foipor isso que Deus criou tudo o que existe. Deusé bom.

Foi Jesus quem nos ensinou que Deus é nosso PAI. Jesus mesmo chamava Deus de ABBA, queem hebraico quer dizer PAI.

Você também pode chamar Deus de Pai. Pode confiar nele, porque ele quer ajudar você a ser feliz.

A ORAÇÃO É NOSSO ENCONTRO COM DEUS. Ele nos ama e compreende. Você pode falar com ele, pode dizer com toda simplicidade que o quer bem, que está contente porque ele é seu Pai. Pode dizer que precisa dele. Você pode conversar com ele para dizer até o que nem era preciso dizer, porque ele é seu Pai, é seu Amigo. Ele vê dentro de seu coração e sabe tudo antes de você dizer. Mas ele quer conversar com você.

ORAÇÃO É FICAR PERTO DE DEUS. Você pode estar sempre junto de Deus, mas, pelo menos de vez em quando, você precisa prestar mais atenção em Deus. Conversandomesmo com ele. E conversar é falar e ouvir.

Para você viver esses encontros de amor comDeus é bom pedir a inspiração do Espírito Santo.

Essa inspiração, que na verdade são os dons do Espírito Santo: sabedoria, entendimento, conselho, fortaleza, ciência, piedade e temor de Deus, irá ajudá-lo a falar e ouvir, saber conversar comDeus. O Espírito Santo faz você conhecer esse Deus que é amor, que é Pai.

ORAÇÃO É:

– estar com Deus
  – ouvir o que ele diz
  – dizer que você o quer bem
  – agradecer o que ele fez por você
  – pedir o que você precisa
  – pedir perdão.

COMO CONVERSAR COM DEUS

É só Deus mesmo que pode ensinar você a conversar com ele. Contanto que você escute e responda. A gente aprende conversar conversando.

CONVERSE SEMPRE COM DEUS, em qualquer lugar, sempre que você se lembrar dele. Converse no coração. Ninguém precisa saber que você está conversando com Deus

DE VEZ EM QUANDO PARE UM POUCO, para conversar mais devagar com Deus. Para não se esquecer, marque um horário certo para esse encontro com Deus. E dê um jeito de não faltar.

ARRANJE UM LUGAR QUIETO para sua conversa com Deus.

COMECE PEDINDO QUE ELE AJUDE NA CONVERSA. E depois deixe um tempinhopara ele falar. Aos poucos ele vai ensinar você muitos jeitos de conversar com ele.

PARA OUVIR A DEUS VOCÊ PODE LER UM POUCO. Ou do Evangelho, ou deste livro, ou de qualquer outro. Mas não leia só com os olhos. Leia também com a boca e o coração. Leia devagar.

PROCURE VER O QUE DEUS QUER DE VOCÊ, o que ele acha das pessoas, dos acontecimentos e das coisas.

VÁ RESPONDENDO E DIZENDO o que você pensa, o que você quer, o que está faltando, se você está alegre ou se está triste.

PARA AJUDAR NA CONVERSA, você pode ir repetindo bem devagar alguma oração que você sabe de cor, ou alguma oração deste livro. Ou até pode cantar alguma coisa.

FALE TAMBÉM COM O SEU CORPO. Com a sua posição mostre o que você está fazen- do. Faça gestos. Feche os olhos se isso ajudar você a prestar mais atenção.

QUANDO ACABAR A ORAÇÃO, a sua conversa com Deus, agradeça o encontro e prometa voltar logo.

Padre Flávio Cavalca de Castro, C.Ss.R.

VINDE, ESPÍRITO SANTO

Vinde, Espírito Santo, enchei os corações de vossos fiéis e acendei neles o fogo do vosso amor.

— Enviai o vosso Espírito e tudo será criado.

— E renovareis a face da terra.

— Deus, que instruístes os corações dos vossos fiéis com a luz do Espírito Santo, fazei que apreciemos retamente todas as coisas segundo o mesmo Espírito e gozemos sempre de sua consolação. Por Cristo, nosso Senhor.

— Amém.

SEQUÊNCIA DE PENTECOSTES

Espírito de Deus, enviai dos céus um raio de luz! Vinde, Pai dos pobres, dai aos corações vossos sete dons. Consolo que acalma, hóspede da alma, doce alívio, vinde! No labor descanso, na aflição remanso, no calor aragem. Ao sujo lavai, ao seco regai, curai o doente. Dobrai o que é duro, guiai no escuro, o frio aquecei. Enchei, luz bendita, chama que crepita, o íntimo de nós! Sem a luz que acode, nada o homem pode, nenhum bem há nele. Dai à vossa Igreja, que espera e deseja, vossos sete dons. Dai em prêmio ao forte uma santa morte, alegria eterna. Amém.

Missal Romano

ORAÇÃO DE PENTECOSTES

Ó Deus, que, pelo mistério da festa de hoje santificais a vossa Igreja inteira, em todos os povos e nações, derramai por toda a extensão do mundo os dons do Espírito Santo e realizai agora, no coração dos fiéis, as maravilhas que operastes no início da pregação do evangelho. Por nosso Senhor Jesus Cristo, vosso Filho, na unidade do Espírito Santo. Amém.

Missal Romano

VINDE, Ó ESPÍRITO CRIADOR

(Veni Creator)

Oh, vinde Espírito Criador,
as nossas almas visitai
e enchei os nossos corações
com vossos dons celestiais.
Vós sois chamado o Intercessor,
do Deus excelso o dom sem par,
a fonte viva, o fogo, o amor,
a unção divina e salutar.
Sois doador dos sete dons,
e sois poder na mão do Pai,
por ele prometido a nós,
por nós seus feitos proclamai.
A nossa mente iluminai,
os corações enchei de amor,
nossa fraqueza encorajai,
qual força eterna e protetor.
Nosso inimigo repeli,
e concedei-nos vossa paz;
se pela graça nos guiais,
o mal deixamos para trás.
Ao Pai e ao Filho Salvador
por vós possamos conhecer.
Que procedeis do seu amor
fazei-nos sempre firmes crer.

Glorifiquemos a Deus Pai
e ao Filho que ressuscitou.
E ao Santo Espírito de Deus,
agora e para sempre. Amém.

ORAÇÃO AO ESPÍRITO SANTO

Ó Espírito Santo, dai-me um coração grande, aberto à vossa silenciosa e forte palavra inspiradora; fechado a todas as ambições mesquinhas; alheio a qualquer desprezível competição humana; compenetrado do sentido da Santa Igreja!

Um coração grande, desejoso de se tornar semelhante ao Coração do Senhor Jesus!

Um coração grande e forte para amar a todos, servir a todos, sofrer por todos!

Um coração grande e forte para superar todas as provações, todo o tédio, todo o cansaço, toda a desilusão, toda a ofensa!

Um coração grande e forte e constante até o sacrifício, quando for necessário!

Um coração cuja felicidade é palpitar com o Coração de Cristo e cumprir humilde, fiel e virilmente a vontade Divina. Amém.

Papa Paulo VI

PRECE AO ESPÍRITO SANTO

Ó Espírito, Advogado,
Luz dos corações,
e Pai dos pobres,
Amor de Deus e Santificador
da Igreja...
Dá-me de beber
a água de teus dons.
Minha alma é terra seca
que não produz
mais que espinhos e abrolhos.

Ó fonte de água viva,
inunda-me com teu caudal.
Não permitas
que eu vá beber
águas contaminadas.
Rega meu coração
em tempo de seca.
Que o tédio não sufoque nem mate
a vida que me infundes.
Vem, Espírito Santo,
e enche-me de teus dons.

Santo Afonso Maria de Ligório
(1696-1787)

PARA PEDIR A INSPIRAÇÃO DO ESPÍRITO SANTO

Ó Espírito Santo, Amor do Pai e do Filho, inspirai-me sempre o que devo pensar, o que devo dizer, como devo dizê-lo, o que devo calar, o que devo escrever, como devo agir, o que devo fazer para obter a vossa glória, o bem das almas e minha própria santificação! Amém.

Cardeal Verdier

LUZES DO ESPÍRITO

Quem és tu, luz,
que me enche
e ilumina a escuridão de meu coração?
Tu me guias,
igual à mão de uma mãe,
da qual, soltando-me,
não saberia caminhar
mais um só passo.
Tu és o lugar,
que cerca meu ser
e em si me acolhe.
Saindo de ti,
mergulho no abismo do nada,
de onde tu elevaste o meu ser.
Tu estás mais próximo a mim,
do que eu a mim mesmo,
e mais íntimo do que meu interior —
no entanto, continuas intocável
e incompreensível,
arrebatando do que existe:
Santo Espírito — Eterno Amor.

Edith Stein

A VOZ DO ESPÍRITO

Nós te louvamos e te agradecemos,
glorioso Senhor Jesus Cristo,
porque estás presente no meio de nós
e em nós;
em nós louvas o Pai com perfeição
com a voz do Espírito que nos concedeste.
Nós te suplicamos, que essa voz do Espírito
seja ativada em nós
pela escuta da palavra da Escritura,
de maneira digna, justa,
conveniente com o significado do Texto,
proporcional às coisas que nos são
manifestadas
e pronta para reconhecer em nós as afinidades
com o ensinamento
e com o exemplo que nos é proposto.
Tu que és Deus e vives e reinas
por todos os séculos dos séculos.

Cardeal Carlo Martini

ENVIA O ESPÍRITO

Envia-me o Espírito Santo,
ó Senhor,
que me faça conhecer
quem sou eu
e quem tu és.

São João Maria Vianney (1786-1859)

INFUNDE O ESPÍRITO

Deus todo-poderoso,
Pai de nosso Senhor Jesus Cristo,
que, pela água e pelo Espírito Santo,
fizestes renascer estes vossos servos
e servas,
libertando-os do pecado,
enviai-lhes o Espírito Santo Paráclito;
Dai-lhes, Senhor, o espírito de sabedoria
e inteligência,
o espírito de conselho e fortaleza,
o espírito de ciência e piedade
e enchei-os do espírito do vosso temor.

Rito da Confirmação

ESPÍRITO E AMOR ETERNO

Espírito Santo,
Espírito do Pai e do Filho,
que deles procedes em unidade de origem
e os unes um ao outro,
em unidade de amor e de espírito!
Espírito e amor eterno,
que existes pessoalmente na divindade
e divinamente encerras as emanações eternas!
Eu te adoro e te agradeço
por aquela santa e admirável ação
pela qual realizaste
o sagrado mistério da encarnação!

Tu és na Santíssima Trindade
o vínculo sagrado entre as divinas Pessoas
e, na encarnação, unes
uma Pessoa divina a uma natureza humana.
Tu dás ao Verbo, no seio de sua mãe,
uma nova natureza,
revestindo-o da nossa humanidade!

Ó Espírito Santo! Tu és Espírito de amor
e sobre a terra realizas aquela obra de amor,
aquela união divina,
aquela aliança incomparável

que une a terra ao céu,
o ser criado ao ser incriado
e Deus ao homem,
com uma união tão estreita
que dela resulta para sempre
um Deus homem e um homem Deus.

Pedro de Bérulle (1575-1629)

HABITA EM NÓS

Espírito do Pai e do Filho, vem.
Espírito de amor, vem.
Espírito de infância, de paz,
de confiança e de alegria, vem.
Júbilo secreto, que brilha
através das lágrimas do mundo, vem.
Vida mais forte do que toda a nossa morte,
vem.
Pai dos pobres
e advogado dos oprimidos, vem.
Luz de eterna verdade
e amor derramado nos corações, vem.
Vem: renova e estende
a tua visita dentro de nós.
Em ti colocamos a nossa confiança.
Amamos a ti, que és o amor.
Em ti temos Deus por Pai,
porque dentro de nós
tu clamas: "Abba, Pai amantíssimo".
Habita em nós.
Não nos abandones na dura luta da vida
e, quando chegar o seu fim
e estivermos sozinhos, vem, Espírito Santo.

Karl Rahner (1904-1984)

SANTO, SANTO, SANTO

Espírito Santo, divino Paráclito,
Pai dos pobres,
Consolador dos aflitos,
Santificador das almas,
eis-me prostrado na tua presença.
Adoro-te com a mais profunda humildade,
e repito mil vezes com os serafins
que estão diante do teu trono:
santo, santo, santo.

Creio firmemente que és eterno,
da mesma substância do Pai e do Filho.
Espero que, com a tua bondade,
santificarás a minha alma.
Eu te amo, Deus de amor!
Eu te amo mais do qualquer coisa deste
mundo.

Eu te amo com todas as minhas forças,
porque és a bondade infinita
que só merece todo o amor.
E uma vez que, insensível
a todas as santas inspirações,
tenho sido tão ingrato,
ofendendo-te com tantos pecados,

peço tanto perdão
e me arrependo muitíssimo
de haver-te ofendido,
ó meu sumo bem!

Eu te ofereço o meu coração, tão frio,
e te suplico que o penetres
com um raio da tua luz
e com uma centelha do teu fogo,
para derreter o gelo,
tão resistente, da minha iniquidade.

Santo Afonso Maria de Ligório
(1696-1787)

INVOCAÇÕES AO ESPÍRITO

Vem, luz verdadeira.
Vem, vida eterna.
Vem, mistério escondido.
Vem, tesouro inefável.
Vem, realidade indizível.
Vem, pessoa incompreensível.
Vem, alegria perene.
Vem, expectativa verdadeira
de quantos serão saciados.
Vem, o levantar-se dos que estão caídos.
Vem, ressurreição dos mortos.
Vem, ó poderoso,
que realizas sempre todas as coisas,
mudas e transformas só com o querer.
Vem, invisível
e inteiramente intangível e impalpável.

Vem, alegria eterna.
Vem, coroa imarcescível.
Vem, púrpura do nosso grande Deus e Rei.
Vem, cinturão cristalino
e de pedras preciosas.
Vem, tu, a quem desejou
e deseja a minha mísera alma.
Vem, único a quem está só,

pois eu estou só, como vês.
Vem, tu, que me separaste de tudo
e me tornaste sozinho sobre a terra.

Vem, tu, que te fizeste desejo em mim
e fizeste com que te desejasse,
ó todo inacessível.
Vem, meu respiro e minha vida.
Vem, consolação da minha pobre alma.
Vem, alegria, glória e delícia sem fim.
Eu te agradeço, porque te transformaste
num só espírito comigo: sem confusão,
sem variação, sem mudança,
tu, que és Deus acima de tudo.

Simeão, o Novo Teólogo
(949-1022)

ESPÍRITO DE VIDA

Ó Espírito Santo,
nós te pedimos por nós e por todos.

Ó Espírito de vida,
aqui não faltam forças,
educação, prudência:
não, até temos em abundância.

O que necessitamos
é que nos tires
a força que nos conduz à perdição:
toma-a e dá-nos a vida.

Certamente o homem experimenta
um calafrio mortal,
quando tu,
para tornar-te sua força espiritual,
o privas de sua força natural.

Oh! se as próprias criaturas irracionais
compreendem, enfim,
o bem que lhes vem depois,
quando o cocheiro real
toma as rédeas nas mãos,
o que antes as fazia tremer

num movimento de rebelião:
não seria o homem
capaz de entender
que benefício tu lhe fazes,
quando lhe tiras a força
e o fazes dono da vida?

Soren Kierkegaard
(1813-1855)

CONSAGRAÇÃO AO ESPÍRITO SANTO

Espírito Santo, amor substancial
do Pai e do Filho.
Amor incriado,
que habitas nas almas justas,
vem sobre mim
com um novo Pentecostes,
trazendo-me a abundância dos teus dons,
dos teus frutos, da tua graça,
e une-te a mim
qual Esposo dulcíssimo da minha alma.

Eu me consagro totalmente a ti:
invade-me, toma-me, possui-me toda.
Sê luz penetrante
que ilumine a minha inteligência,
moção suave que atraia
e dirija a minha vontade,
força sobrenatural
que dê vigor ao meu corpo.
Completa em mim
a tua obra de purificação,
de santificação, de amor.

Torna-me pura, transparente,
simples, verdadeira;
livre, pacífica e suave;
calma, serena, mesmo na dor;
ardente de amor para com Deus
e para com o próximo.

Irmã Carmela do Espírito Santo
(1903-1949)

O ESPÍRITO DE SANTIDADE

Espírito Santo,
que procedes inefavelmente do Pai
e, mediante o Filho, habitas nos que creem.
Espírito de vida e inteligência,
Espírito de santidade e perfeição,
Espírito bom, sábio,
amante dos homens, doce e glorioso,
que nutres e sacias a sede,
que fazes misericórdia, iluminas, dás força;
Espírito divino de paciência,
Espírito que comunicas júbilo, alegria,
temperança, sabedoria, conhecimento,
mansidão, esquecimento do mal sofrido,
liberdade das preocupações aqui de baixo,
visões das coisas lá de cima;
tu, que afugentas a preguiça,
que afastas a negligência e o ócio
e pões a correr a maldade;
Espírito, que revelas os mistérios,
penhor do reino dos céus,
fonte da profecia,
taça do ensinamento;
tu, que tiras o pecado,
sê a porta da penitência,
e — qual porteiro —

mostra a entrada a quem combate.
Espírito de desejo e que geras desejo,
vem, habita e permanece em nós,
sem separar-te, sem dividir-te,
santificando, transformando
e iluminando os nossos corações,
como consubstancial e glorificado
com o Filho e com o Pai,
tornando deuses aqueles que te acolhem,
e apagando todo pecado,
e trazendo contigo,
na tua vinda, toda virtude,
não a trazendo contigo de fora,
mas sendo tu mesmo toda boa realidade:
porque aqueles, nos quais fazes morada,
têm substancialmente
em si mesmos todo o bem.

Simeão, o Novo Teólogo
(949-1022)

ORAÇÃO DE PENTECOSTES II

Espírito Santo,
uma vez que desejo a tua vinda,
suplico-te faças em mim três coisas.

Com o teu amor torna-me forte
contra o mal
e disposto a todo o bem.
Liberta-me de todo o temor humano
e faze que, por amor a Deus,
eu acolha com alegria toda adversidade.

Peço-te ainda
que me concedas o perdão dos pecados.
E concede-me que,
consumido pelo fogo do amor divino,
eu mergulhe inteiramente em Deus
e, nesta feliz união, me torne semelhante a ele.

Espírito Santo,
inebria-me com o vinho do teu amor,
que produzirá em mim o esquecimento de
mim mesmo
e o desprezo de toda a honra
e de toda a vantagem
que não tenham em vista a glória de Deus.

Enche o meu coração da tua suavidade,
de tal modo que nenhuma alegria,
nenhum prazer terreno
possam jamais satisfazer-me.

Inflama-me com o amor
das coisas celestes e espirituais,
de modo que aspire a Deus com todo o coração
e não tenha mais temor nem da morte,
nem de nenhum sofrimento.

Santa Matilde (1241-1298)

CREIO EM TI, ESPÍRITO SANTO

Creio em ti, Espírito Santo,
Senhor e doador de vida,
que pairavas sobre as águas
da primeira criação
e desceste sobre a Virgem acolhedora
e sobre as águas da nova criação.
Tu és o vínculo do amor eterno,
a unidade e a paz
do amado e do amante,
no diálogo eterno do amor.
Tu és o êxtase e o dom de Deus,
aquele em que o amor infinito
se abre na liberdade,
para suscitar e contagiar amor.

Bruno Forte

TEMPLO DO ESPÍRITO SANTO

Tu soubeste acolher o Espírito Santo
com coração aberto;
acolheste-o com a fé,
acreditando em sua ação maravilhosa
no teu seio.

Acolheste-o
entregando-lhe todo o teu ser,
confiando-te ao poder do seu amor;
acolheste-o
colaborando ativamente com ele
no amor da encarnação redentora.

Não cessaste mais de o acolher
durante toda a vida,
escutando a sua voz misteriosa,
seguindo todas as suas sugestões.
Ensina-nos também a recebê-lo
com a mesma disposição de abertura.

Ajuda-nos a escutá-lo no íntimo
do coração,
a acolher as suas inspirações
e os seus conselhos.
Mostra-nos o caminho da docilidade

ao seu ensinamento
e o da cooperação com sua obra.

A teu exemplo,
queremos também nós
receber com plenitude o Espírito Santo
e não desperdiçar nada
de sua vinda dentro de nós.

Reaviva o nosso desejo de receber
tudo o que ele nos quer dar
e comunica-nos a alegria
que tu experimentaste no deixar
ao Espírito Santo
a liberdade de tomar tudo,
de tudo invadir com seu amor.

Jean Galot

CONTEMPLAR O ESPÍRITO

Maria, tu, que és a mulher
da reconciliação,
guia-nos pelos caminhos da verdade,
torna-nos capazes de dar
aquilo que gratuitamente tivermos recebido,
ajuda-nos a contemplar o caminho
que o Espírito do teu Filho Jesus
faz cumprir a nossa Igreja,
põe em nosso coração e em nossos lábios
o hino de gratidão e de louvor ao Pai,
do qual tudo procede e ao qual tudo retorna.

Cardeal Carlo Martini

UMA NOVA EFUSÃO

A ti, ó Mãe,
consagramos com imensa confiança todos nós,
as nossas fadigas,
os nossos propósitos,
a nossa esperança.
A ti consagramos toda a Igreja
e a humanidade inteira,
com especial pensamento naqueles homens
e naqueles povos,
que têm particular necessidade,
e cuja confiança
e consagração
tu especialmente desejas.

Ó tu, que, coberta pelo Espírito Santo,
geraste o teu divino Filho,
obtém, com tuas preces,
para a Igreja, uma nova efusão
do Espírito,
que traga às almas
uma fé mais firme,
uma esperança mais pura
e uma caridade mais generosa!

Ó tu, que atrais docemente o coração
dos homens
ao caminho da justiça
e da reconciliação,
chama novamente à unidade
da comunhão eclesial
aqueles que se afastaram dela,
ou a romperam com a rebeldia,
com a desobediência e o pecado!
Tu, que foste preservada
de toda mancha desde a concepção,
defende os teus filhos na luta contra
o poder das trevas
e contra as ciladas do erro
e da mentira!

Que o teu imaculado coração reine
nas consciências,
nas famílias e na sociedade,
nas nações e na humanidade inteira!

Ó clemente, ó piedosa,
ó doce Virgem Maria.

Papa João Paulo II

QUE O MEU CORAÇÃO SEJA TUA HABITAÇÃO AMADA

Vem, Senhor, segura-me.
Desapega meu coração de tudo,
que ele seja bem livre,
para que nada o impeça de te ver.
Dobra a minha vontade, abaixa o
meu orgulho,
tu tão humilde de coração.
Modela meu coração para que
possa ser tua habitação amada,
e venhas repousar nela e conversar
comigo numa união ideal.
Senhor, que esse pobre coração
seja um só com o teu...
Só tu podes encher sua solidão.
Que eu não procure nada fora de ti:
Só tu és capaz de me contentar.

Elisabete da Trindade

VEM, ESPÍRITO SANTO

Vem, Espírito Santo,
e envia do alto do céu
um raio da tua luz.
Vem, pai dos pobres,
doador da divina graça
e luz dos corações.
És consolo e defensor,
amável hóspede dos corações
e alívio incomparável.
És descanso no trabalho,
brisa no calor ardente
e consolo na aflição.
Ó ditosa luz divina,
ilumina plenamente
o coração dos teus fiéis.
Sem ti não pode haver
em ninguém, de modo algum,
inocência nem bondade.
Vem livrar-nos do pecado,
abrandar nossa aridez
e curar nossas feridas.
Concede-nos que possamos
superar nossa obstinação,
vencer a nossa apatia
e nos guardar no bom caminho.

Àqueles que creem em ti
e em ti confiam,
concede os teus sete dons
sagrados.
Como prêmio da virtude,
dá-lhes a felicidade
e a alegria eterna. Amém.

Hino litúrgico

PRECE AO ESPÍRITO SANTO

Espírito Santo,
aperfeiçoa a obra que Jesus
iniciou em mim.
Apressa para mim o tempo de uma
vida cheia do teu Espírito.
Mortifica em mim a presunção natural.
Quero ser simples,
pleno do amor de Deus
e constantemente generoso.
Que nenhuma força humana
me impeça de honrar minha
vocação cristã.
Que nenhum interesse,
por descuido meu,
vá contra a justiça.
Que nenhum egoísmo reduza em mim
os espaços infinitos do amor.
Tudo seja grande em mim.
Também o culto à Verdade
e a prontidão em meu dever até a morte.
Que a efusão do teu Espírito de amor
venha sobre mim,
sobre a Igreja
e sobre o mundo inteiro.
Amém.

João XXIII

LUZ DE MINHA ALMA

Meu Deus,
eu te adoro, eterno consolador,
luz e vida de minha alma...
Em tua infinita comiseração,
já no início de minha vida,
vieste à minha alma e dela te apossaste.
Fizeste-a templo teu
e nela resides por tua graça,
de maneira inefável,
unindo-me a ti e aceitando-me
na companhia dos anjos e santos.
Não estás apenas presente,
como pensam alguns,
por tua graça,
mas em teu ser eterno,
de sorte que, em certo sentido,
fico absorvido em Deus
já aqui na terra,
sem perder a própria personalidade.
Sim, fizeste até de meu corpo
propriedade tua...
Também meu corpo é teu templo.
Ó maravilhosa, veneranda verdade!
Eu creio nela e a reconheço,
ó meu Deus.

Cardeal Newman

SABEDORIA DE DEUS

Espírito Santo,
Espírito de Sabedoria,
de Ciência, de Inteligência, de Conselho,
faze-nos transbordar,
te suplicamos,
do conhecimento da vontade do Pai,
enche-nos de toda a sabedoria
e inteligência espiritual.
Abre o nosso coração
à consolação do teu dom
para que possamos conhecer o mistério
que no tempo vai sendo revelado.
O mistério preparado há séculos sem fim:
a glória do Cristo no homem que vive.
E tu, Maria,
primeiro fruto privilegiado
dessa glória de Cristo,
torna o nosso coração sensível
aos caminhos de Deus,
aos seus meios de manifestar-se em nossa história.
Ajuda-nos a caminhar na sua verdade
para poder encontrar o seu mistério.

Cardeal Carlo Martini

VEM, ESPÍRITO DE VERDADE

Vem, Espírito Santo,
e santifica-me.
Vem, Espírito de Verdade,
e enche-me de ti.
Que a tua sapiência divina
me instaure na Verdade.
Eu desejo que a Verdade reine na
minha mente, nas minhas palavras,
nos meus afetos, nas minhas ações,
evitando tudo que lhe seja contrário,
não só a mentira,
senão também a dissimulação,
a duplicidade, a falta de sinceridade.
Vem, Espírito de paz
e dá-me a tua paz,
a paz profunda que dilata a alma e
a torna apta às tuas operações;
a paz que acalma e domina todo o sensível.
Vem, Espírito de caridade,
faze-me tão inflamada de teu amor,
que o faça transbordar sobre as almas
que eu desejo levar a ti.
Oh! Transforma-me em amor.
Só assim poderei responder

plenamente a teu convite
e ser útil à Igreja.
Ó Espírito da Verdade,
faze-me conhecer o Verbo,
ensina-me a lembrar-me sempre de
tudo quanto ele disse.
Ilumina-me, guia-me,
torna-me, conforme Jesus,
em outro Cristo,
comunicando-me as suas virtudes,
sobretudo a paciência,
a humildade, a obediência.
Faze-me participar de sua obra
redentora.
Faze-me entender, amar a cruz.

Carmela do Espírito Santo

ESPÍRITO DE AMOR

Ó Espírito de Amor,
fogo consumidor,
vem a mim,
para que Cristo renasça em mim;
para que eu lhe dê meu corpo e
minha alma
e ele viva em mim
e através de mim
a sua vida
e realize os seus mistérios.

Isabel da Santíssima Trindade

VEM, SANTÍSSIMO ESPÍRITO

Espírito Santo!
Creio que todas as vezes que
desces à alma
aí preparas o domicílio para o Pai
e para o Filho.
Feliz quem merece hospedar-te!
Por ti nele estabelecem a sua
morada o Pai e o Filho.
Vem, pois, vem,
benigníssimo consolador de todo
aquele que sofre,
protetor em toda a ocorrência
e sustentáculo em toda a tribulação.
Vem, purificador dos delitos,
médico das feridas.
Vem, fortaleza de frágeis,
restaurador dos que caem.
Vem, mestre dos humildes,
tu que abates os soberbos.
Vem, piedoso pai dos órfãos,
compassivo juiz das viúvas.
Vem, esperança dos pobres,
refrigério dos enfermos.
Vem, estrela dos navegantes,
porto dos náufragos.

Vem, adorno singular dos vivos
e salvação única dos que morrem.
Vem, santíssimo Espírito, vem e
tem piedade de mim.
Reveste-me de ti e ouve-me
propício,
a fim de que, segundo a multidão
das tuas misericórdias,
a minha pequenez agrade à tua
grandeza,
a minha fraqueza agrade à tua
fortaleza,
por Jesus Cristo, meu Salvador,
que com o Pai vive e reina na tua
unidade,
pelos séculos dos séculos. Assim seja.

Agostinho de Hipona

PRESENÇA DO ESPÍRITO

Espírito Santo,
és tu que estás em volta de mim,
que me inflamas e acendes em
meu coração sofredor
o amor infinito de Deus e de meus irmãos.
Porque és tu o doutor dos profetas,
o companheiro de todos os apóstolos,
a força dos mártires,
a inspiração dos Pais e dos doutores
e a perfeição de todos os santos.

Simeão, o novo teólogo

SÚPLICA AO ESPÍRITO SANTO

Espírito Santo,
amor do Pai e do Filho,
por tua incompreensível bondade,
atrai a ti a minha vontade
e inflama-a no fogo inextinguível
de tua caridade.
Senhor meu e Deus meu,
meu princípio e meu fim,
essência absolutamente simples,
absolutamente amável.

Ó abismo de dulçores e delícias,
ó luz amada e sublime felicidade
de minha alma,
oceano de alegrias inexplicáveis,
plenitude perfeita de todo bem.
Meu Deus e meu tudo,
de que necessitarei ainda, quando
te possuir?
És o meu bem único e imutável.
Nada procuro nem desejo
senão só a ti.
Senhor, atrai-me para ti!
Eu bato, Senhor, abre-me.
Abre a um órfão que te pede.
Esconde-me no abismo de tua
divindade.
Faze-me um único espírito contigo
para que possa fruir,
dentro de mim,
as tuas delícias.
Amém.

Alberto Magno

DEUS AMOR

Espírito Santo, Deus de amor,
concede-me uma inteligência que
te conheça,
uma angústia que te procure,
uma sabedoria que te encontre,
uma vida que te agrade,
uma perseverança que, enfim, te
possua.
Amém.

Santo Tomás de Aquino (1225-1274)

AUTOR DOS DONS CELESTES

Santo e divino Espírito.
Creio que és verdadeiramente
Deus
e um só Deus com o Pai e o Filho.
Eu te adoro e te reconheço
como autor de todos os dons
celestes.
De ti recebi as luzes
pelas quais reconheci o mal que fiz,
ofendendo-te,
e quanto sou obrigado a te amar.

Graças te dou e me arrependo
sumamente de te ter ofendido.
Mereci ser abandonado
nas minhas trevas,
mas vejo que ainda não me
desamparaste.
Ó Espírito eterno,
continua a esclarecer-me,
faze-me conhecer cada vez mais a
tua bondade infinita
e dá-me a força de te amar,
de todo coração, no futuro.
Ajunta graça à graça, para que,
cedendo ao teu poder vitorioso,
sinta-me suavemente obrigado a
te amar
com exclusão de qualquer outro
objeto.
Eu te suplico pelos merecimentos
de Jesus.
Amo-te, meu soberano Bem,
amo-te mais que a mim mesmo.
Quero ser todo teu.
Recebe-me e não permitas que
me afaste mais de ti.
Amém.

Santo Afonso Maria de Ligório
(1696-1787)

FAZE-ME CONHECER

Espírito Santo,
permanece comigo
e faze-me conhecer o Filho.
Faze-me conhecê-lo e amá-lo
sempre mais,
segui-lo, servi-lo e obedecer-lhe
sempre melhor.
Que desta forma ele seja glorificado,
tanto quanto possível,
também por sua pobre e
insignificante criatura.

Charles de Foucauld

DOCE LUZ, ESPÍRITO SANTO

Quem és tu,
doce Luz, que me inundas e aclaras
a noite de meu coração?
Tu me guias com tua mão
maternal.
Se me desamparas, não avanço mais,
nem sequer um passo.
Tu és o espaço que cerca o meu ser

e no qual tu te ocultas.
Se me abandonas,
caio no abismo do nada,
do qual me chamaste para o ser.
Estás mais próximo de mim que eu,
és mais íntimo de mim que meu íntimo.
E, contudo, ninguém te atinge,
ninguém te compreende.
E nenhum nome pode aprisionar-te:
Espírito Santo Eterno Amor.

Karl Rahner (1904-1984)

SOPRO DE DEUS

Sopro de Deus,
tu, que o mundo fizeste,
vem visitar os filhos teus.
E a graça celeste nos corações que
criaste derramar.
Consolador te clamam teus devotos,
Dom do Senhor.
Fonte de vida, unção de nossas almas,
fogo divino, chama de amor.
Vem até nós, dedo da mão paterna.
Teus sete dons nos traz!

Tu, prometido pelo Pai um dia,
aos lábios mudos a Palavra dás.
Em nossa carne acende a luz que
é a tua,
nos corações, o amor.
De nossos corpos cura
a enfermidade,
infunde em nós teu eterno vigor.
Longe de nós afasta o inimigo,
dá-nos a paz!
À nossa frente vai,
e do perigo livra-nos sempre — e
das obras más.
Graças a ti que o Pai nós
conheçamos,
e o Redentor
e a ti que és o Espírito de ambos:
que em todos Três creiamos com fervor
Glória a Deus Pai, e ao Salvador
do mundo,
glória também, pois ressurgiu dos
mortos, glorioso.
E ao Defensor, eterna glória.
Amém.

ORAÇÃO DOS CASAIS AO ESPÍRITO SANTO

Espírito Santo, vós sois o alento do Pai e do Filho na plenitude da eternidade. Vós nos fostes enviado por Jesus para nos fazer compreender o que ele nos disse e nos conduzir à verdade completa. Vós sois para nós sopro de vida, sopro criador, sopro santificador. Vós sois quem renova todas as coisas.

Pedimo-vos, humildemente, que nos deis vida e que habiteis em cada um de nós, em cada um de nossos lares, para que possamos viver o sacramento do matrimônio como um lugar de amor, um projeto de felicidade e um caminho para a santidade. Amém.

ESPÍRITO DE DEUS

Ó meu amado, ajuda-me a dar à tua presença divina, louvor infinito, e ação de graças que não terá fim com minha vida. Possa minha morte somente aumentar o meu louvor e ação de graças.

Com tua presença, ó Espírito do Pai e do Filho, não temo nenhuma dor neste mundo, apenas meus pecados, e te peço, purifica-os no amor.

Espírito de Deus, como és belo! Sopra em minha alma a chama do teu fogo. Dize-me, minha alegria, o que desejas que eu faça a cada momento; desejo ser tua alegria. Dirige meu coração, desejo somente fazer a tua vontade. Para que tu somente sejas glorificado em todas as coisas. Amém.

Madre Maria Celeste Crostarosa

VEM, ESPÍRITO CRIADOR

Senhor e criador, que és nosso Deus,
vem inspirar estes filhos teus,
em nossos corações derrama a tua paz,
um povo renovado ao mundo mostrarás.

Sentimos que tu és a nossa luz,
fonte de amor, fogo abrasador.
Por isso é que ao rezar, em nome de Jesus,
pedimos, nesta hora, os dons do teu amor.

Se temos algum bem, virtude ou dom,
não vem de nós, vem do teu favor,
Porque sem ti, ninguém, ninguém pode
ser bom.
Só tu podes criar a vida interior.

Infunde pois, agora, em todos nós,
que como irmãos vamos sempre agir,
à luz do teu saber, à força do querer,
a fim de que possamos juntos construir.

E juntos cantaremos sem cessar
cantos de amor para te exaltar.
És Pai, és Filho e és Espírito de paz,
por isso, em nossa mente sempre reinarás.
Amém.

LIVRA-ME DO ABISMO

Deus Espírito Santo,
com tua infinita misericórdia
livra-me do abismo de minha miséria.
Ilumina minhas trevas
com tua luz que tudo devassa.
Fortalece minha debilidade
com teu poder irresistível.
Supre minha absoluta pobreza
com a tua riqueza incomensurável.
Santifica meus pensamentos, palavras e obras
e faze que eu saiba e possa glorificar-te
com a glória que tiveste desde sempre.
Amém.

Da Liturgia de São Tiago

PEDINDO A GRAÇA DO ESPÍRITO

Que a graça do Espírito Santo nos esteja presente!
Que ela faça de nossos corações sua morada!
Espírito que iluminas e alimentas a humanidade,
apagando todos os vícios espirituais,
dissipa as noites e as securas de nossas almas.
Santo que amas os bons pensamentos,
tem a bondade de ungir com teu óleo os nossos sentidos.
Tu, que apagas todas as nossas vergonhas,
torna límpido o olhar do homem interior:
que ele possa ver o Pai que está nos céus,
porque só os corações puros podem atingi-lo.
Espírito Santo,
quando com a tua Palavra criaste o céu e a terra,
pairaste sobre as águas como ave no ninho,
fecundando-as para que dessem a vida.
Teu sopro deu aos homens o ser espiritual.
Tu inspiraste os profetas
para que anunciassem antecipadamente
as maravilhas de Cristo.
Fortaleceste os Apóstolos para que
levassem ao mundo inteiro a sua mensagem.
Tu reúnes em unidade os vários povos.

Tu os ensinas a adorar o Deus verdadeiro,
tu, o mais perfeito dos Mestres,
que instruis de maneira admirável
os santos de todos os séculos.
Ouve, pois, com benevolência, as nossas preces.
Sem ti, elas são vãs e indignas de Deus.

Liturgia dominicana

CONSAGRADO PELO ESPÍRITO

O Espírito de Deus repousa sobre mim.
O Espírito de Deus repousa sobre mim,
o Espírito de Deus me consagrou,
o Espírito de Deus me enviou
a proclamar a alegria e a paz.
O Espírito de Deus me escolheu
para dilatar o Reino de Cristo entre as nações,
para proclamar a Boa-nova a seus pobres.
Exulto de alegria em Deus, meu Salvador.

O Espírito de Deus me escolheu
para dilatar o Reino de Cristo entre as nações,
para consolar os corações esmagados pelo sofrimento.
Exulto de alegria em Deus, meu Salvador.

O Espírito de Deus me escolheu
para dilatar o Reino de Cristo entre as nações,
para acolher o pobre que chora e pena.
Exulto de alegria em Deus, meu Salvador.

O Espírito de Deus me escolheu
para dilatar o Reino de Cristo entre as nações,
para anunciar a graça do livramento.
Exulto de alegria em Deus, meu Salvador.

O Espírito de Deus me escolheu
para dilatar o Reino de Cristo entre as nações,
para celebrar sua glória entre todos os povos.
Exulto de alegria em Deus, meu Salvador.

Hino da Liturgia das Horas

INTERCESSÃO DO ESPÍRITO SANTO

Espírito Santo,
estamos diante de ti,
sob o peso de nossas culpas,
mas reunidos em teu nome.
Vem a nós e fica conosco.
Penetra em nossos corações.
Ensina-nos o que devemos fazer,
que caminho seguir.
Mostra-nos como devemos agir,
para podermos, com tua ajuda,
agradar-te em tudo.
Tu somente sê o inspirador
e dador de nossos pensamentos.
Tu, que amas infinitamente a eqüidade,
não permitas que subvertamos a justiça.

A ignorância não nos leve a praticar o mal;
não nos deixe guiar pela parcialidade,
nem por interesses pessoais ou de cargos,
mas une-nos firmemente a ti,
para que sejamos uma só coisa contigo,
jamais nos desviando da verdade.
Espírito Santo,
assim como nos reunimos em teu nome,
do mesmo modo, guiados pelo teu amor,
permaneçamos na justiça.
E que nesta terra jamais nos afastemos de ti
e, na vida futura, alcancemos a felicidade eterna. Amém.

IV Concílio de Toledo

CONSAGRAR-SE AO ESPÍRITO

Espírito Santo!
Divino Espírito da luz e do amor.
Consagro-te a minha inteligência,
meu coração e minha vontade,
tudo quanto sou, para o tempo e a eternidade.
Que minha inteligência
sempre atenda às tuas celestes inspirações
e aos ensinamentos da santa Igreja Católica,
cujo guia infalível és tu.
Arde sempre meu coração
de amor a Deus e ao próximo,
e minha vontade concorde sempre
com a vontade divina, de modo que minha vida
se torne perfeita imitação da vida e das virtudes
de Nosso Senhor e Salvador, Jesus Cristo,
a quem, com o Pai e o Espírito Santo,
sejam dadas honra e glória. Amém.

Pio X

VEM, ESPÍRITO SANTO!

Vem, Espírito Santo,
toma meu corpo para templo teu!
Vem e fica sempre comigo!
Dá-me profundo amor
ao Sacratíssimo Coração de Jesus,
a fim de servi-lo de todo coração,
com toda a minha alma,
com todas as minhas forças.
Consagro-te todas as faculdades
de minha alma e de meu corpo.
Domina todas as minhas paixões,
emoções e sentimentos.
Recebe a minha inteligência e minha vontade,
minha memória e minha fantasia.
Ó Espírito Santo de amor,
dá-me rica medida de tua graça eficaz.
Dá-me a plenitude de todas as virtudes,
aumenta-me a fé, fortalece minha esperança,
aumenta-me a confiança e inflama meu amor.
Concede-me os teus sete dons,
teus frutos e bem-aventuranças.
Santíssima Trindade,
que minha alma seja teu templo. Amém.

Pio XII

BATISMO NO ESPÍRITO

Deus Espírito Santo,
a quem tantas vezes entristeci,
a quem não deixei de resistir,
desde a minha infância;
enche-me de reverência por tua pessoa,
por tua essência, presença e poder.
Faze-me conhecer a graça dos teus sete dons:
o dom da inteligência e ciência,
o dom do conselho e fortaleza,
o dom da sabedoria e piedade,
e o dom do temor de Deus.
És amor do Pai e do Filho.
Batizas com fogo
e difundes o amor nos corações.
Infunde-o em meu coração.
Só uma coisa peço a Deus:
não são riquezas nem bem-estar,
nem poder, nem alegrias passageiras,
nem bens temporais.
O que apenas desejo é uma centelha do teu fogo divino
para abrasar-me todo nas chamas do amor de Deus.
Que este fogo santo me purifique
de todas as máculas do corpo e da alma.

Plenifica-me com teus sete dons.
Aceita-me como vítima agradável.
Inflama-me de zelo,
dá-me arrependimento a fim de viver
e morrer como fervoroso penitente.
Amém.

Cardeal Manning

AO ESPÍRITO CRIADOR

Vem, Espírito venerado e todo-poderoso,
pelo qual tudo foi feito.
Tu tens tudo em tuas mãos,
tu que estás acima de toda sabedoria
e de todo poder.
Nada pode descrever-te, compreender-te,
sondar-te.
Tu terminas toda a criação em sua essência;
tu és inseparável de todas as coisas em sua força.
Nós te bendizemos,
Senhor de todas as coisas e muito bom!
De ti procedem toda existência,
toda respiração,
todo pensamento, todo conhecimento de Deus.
Nós te bendizemos porque és tu que nos fazes ver
a beleza do céu, o percurso do sol,
o círculo da lua, a magnificência das estrelas.
Por isso nós proclamamos: Glória a ti!

Da liturgia oriental

A DEUS ESPÍRITO SANTO

Deus Espírito Santo, renova a nossa vida: envia a tua luz e dá-nos coragem e força.

— Vem, Espírito Santo.

Vem a nós com teus dons: bondade, mansidão e paciência.

— Vem, Espírito Santo.

Não permitas que o mal nos destrua, mas ajuda-nos a superar o mal pelo bem.

— Vem, Espírito Santo.

Dirige nosso pensamento e nossa ação, ajuda-nos na nossa fraqueza, pois sem ti nada podemos fazer.

— Vem, Espírito Santo.

Faze-nos boas testemunhas de Cristo e deixa-nos encontrar alegria junto de ti.

— Vem, Espírito Santo.

Adriano Backx

DÁ-ME A TUA LUZ

Ó amor puro, sincero e perfeito,
ó luz substancial,
ilumina-me para que reconheça a tua luz
e descubra o teu amor;
dá-me a tua luz,
a fim de que veja as tuas entranhas paternas.
Meu Deus, dá-me coração para te amar
e olhos para te ver;
dá-me ouvidos para ouvir a tua voz
e lábios para falar de ti.
Dá-me o gosto para te apreciar,
o olfato para sentir teu perfume;
dá-me mãos para te tocar
e pés para te seguir.
Na terra e no céu
só desejo a ti, meu Deus!
És meu único desejo, minha consolação,
o fim de todas as angústias e sofrimentos.
Procuro só a ti,
só em ti está minha alegria e minha felicidade,
no tempo e, como espero, na eternidade.

Tikhon de Zadonsk
Bispo da Igreja ortodoxa russa

RENOVADOS PELO ESPÍRITO SANTO

Vem, Santo Espírito,
pois que sem ti Deus está longe,
Jesus ressuscitado perde-se no passado,
o Evangelho parece uma palavra morta,
a Igreja uma simples organização,
a autoridade um puro exercício de poder,
a missão uma propaganda,
o culto um arcaísmo,
o agir moral um agir de servos.
Contigo, entretanto, Espírito Santo,
o Cosmos revive,
o Ressuscitado faz-se presença,
Deus está perto,
o Evangelho é poder de vida,
a Igreja torna-se comunhão,
a autoridade é um serviço alegre e forte,
a liturgia é viva e penetrante,
o agir humano ético e moral
é um caminho firme e construtivo
para a liberdade.

Patriarca Atenágoras

LOUVOR AO ESPÍRITO SANTO

Louvor a ti, Senhor poderoso,
Espírito consolador,
generoso dispensador de todos os bens,
igual ao Pai e ao Filho,
a ti a glória e a soberania.
És a luz e portador da luz.
És bondade e fonte de toda bondade.
És o Espírito que forma profetas
e suscita apóstolos.
Dás a vitória aos mártires
e poder aos confessores.
Tornas inteligentes os que te procuram,
orientas os que estão sem destino,
consolas os tristes e fortaleces os fracos,
cuidas dos feridos, ergues os que caíram,
dás coragem aos que têm medo,
acalmas os violentos,
abranda os corações endurecidos,
confirmas os fiéis e resguardas os que creem.
Eu te suplico, Espírito consolador,
desce ao templo de meu coração,
como desceste à sala do cenáculo,
testemunha da santa ceia.
Vivifica-me com teus dons benfazejos,
abrasa-me o coração com o fogo do teu amor,

concede-me tua sabedoria eterna
e que tua luz resplandecente me purifique
o coração.
Que eu te conheça com verdadeiro
discernimento,
tu que reinas com o Pai e o Filho.
Guia-me para que te glorifique e te adore
com toda pureza, amor e obediência,
com o Pai de quem procedes e
com o Filho de quem recebes,
agora e sempre. Espírito Santo,
vem rezar em mim

Ofício de Taizé

ESPÍRITO DO CRISTO RESSUSCITADO

Senhor Jesus Cristo,
ainda que tivéssemos a fé que remove
montanhas,
sem a caridade, que seríamos nós?
Vós nos amais.
Tomando sobre vós o peso de tudo,
vós nos abristes um caminho na direção da fé,
da confiança em Deus,
que não quer nem o sofrimento

nem a desgraça humana.
Espírito do Cristo ressuscitado,
Espírito de compaixão,
Espírito de louvor,
vosso amor por cada um de nós
não se apartará jamais.

Senhor Jesus Cristo,
para os que compreendem vosso convite
a pronunciarem um sim por toda a vida,
podem surgir hesitações, receios.
Mas pelo vosso Espírito Santo,
vós depositastes esse sim nos recônditos das regiões
mesmo inconscientes do nosso ser
— o sim que estava em Maria.
Esse sim nos mantém despertos.
Como descansar,
quando a Igreja se acha sacudida por todos os lados
e o mundo mortificado pelas provações?
Este sim nos expõe.
Mas vós o ofereceis para sempre,
e ele está enraizado em cada um de nós.

Teresa de Calcutá

TU SANTIFICAS

Ó Espírito Santo,
quanto deveríamos ser-te reconhecidos
e quão pouco o somos!
Consola-nos o fato de que és
uma coisa só com Jesus e com o Pai,
a quem freqüentemente nos dirigimos,
mas isso não nos justifica.
Queremos estar contigo...
"consolador ótimo, doce hóspede da alma,
doce refrigério."
Tu és a luz, a alegria, a beleza.
Tu atrais com veemência as almas,
tu inflamas os corações
e inspiras pensamentos profundos e decididos de santidade, com propósitos individuais inesperados.
Tu realizas aquilo que muitas pregações não poderiam ensinar.
Tu santificas.
E, sobretudo, Espírito Santo,
tu que és tão discreto, embora impetuoso e arrebatador,
que sopras como tímida brisa
que poucos sabem escutar e sentir,
olha a rudeza de nossa ignorância grosseira

e faze-nos devotos teus.
Que não passe um dia sem te invocarmos,
sem agradecer-te, sem adorar-te,
sem amar-te,
sem viver como assíduos discípulos teus.
Esta é a graça que te pedimos.
Envolve-nos na tua grande luz de amor,
sobretudo na hora das mais densas trevas:
ao se apagar a visão desta vida,
que se há de transformar na eterna.

Chiara Lubich

PENTECOSTES

Uma luz jubilosa, maravilhosa,
um fogo saindo do poder de Deus
se difundiram sobre os discípulos de Cristo;
encheram seus corações, enriqueceram suas
línguase os convidaram ao recital
de louvores.
Soberano Consolador,
vem a nós ainda agora!
Fecunda nossas línguas,
tranqüiliza nossos corações.
Sem a tua graça, não há alegria,
nem salvação, nem paz, nem sorriso de amor
nem plenitude.
Tu, a luz e o perfume,
és a origem do amor divino,
que confere à água batismal
sua força e seu poder misterioso.
Tu fizeste de nós nova criação,
de agora em diante somos filhos da graça
divina.
Tu, que dás e ao mesmo tempo és Dom,
tu, que derramas sobre nós todo bem,
torna nossos corações aptos para teu louvor,
e nossos lábios prontos para proclamar tuas
maravilhas.

Autor de toda inocência,
renova-nos em Cristo
e concede-nos que saboreemos a plenitude
da alegria.

Adão de São Vítor, monge

QUE O SANTO ESPÍRITO SE UNA AO NOSSO ESPÍRITO

Espírito Santo, eleva-nos à tua altura,
tu que edificas o Corpo Místico do Cristo,
tu que és o Agente.
Que por ti sejamos colaboradores;
ensina-nos, pois, a orar...
Espírito Santo, tu sabes o que é preciso pedir,
o que é necessário para viver a minha vocação,
pelo meu apostolado,
e o que é fundamental para as almas
que dependem de mim.
És tu que farás com que minha oração
chegue nas regiões profundas,
longínquas, misteriosas que não conheço,
mas que um dia verei no céu.

Frei Maria-Eugênio do Menino Jesus

VEM, DEUS CRIADOR

Vem, Espírito Santo, Deus criador,
visita a alma de teus filhos,
enche de graça e de glória
todos os corações criados por ti.
Jesus diz que és consolador,
dom infinito do Deus altíssimo,
água viva, fogo e caridade,
para as almas doce unção.
Tu nos trazes os sete dons,
ó mão do Pai todo-poderoso!
Prometido ao Filho e enviado,
tu inspiras nossas vozes.
Faze tua luz brilhar em nós!
Derrama o amor em todos os corações!
Na fraqueza de nossos corpos
coloca tua força e teu vigor.
Repele para longe nosso inimigo,
vem depressa dar-nos a paz!
Para nos guiar vai adiante de nós,
de todo mal preserva-nos!

Marcel Thomas

GUIAR-SE PELO ESPÍRITO

Guia-me, graça de Deus,
por todos os caminhos do mundo,
pelos caminhos de meus segredos.
Que eu decifre pelas pegadas a passagem
de Deus,
que eu experimente em mim o magnetismo
de teu pólo.
Desperta-me Espírito de Deus,
do qual não sei de onde vem nem para
onde vai.
Alerta minha atenção para o sussurro de
teu sopro,
e que minha alma, envolvida por teu poder,
murmure como a folha vestida da brisa que
a nutre.
Carrega-me, alegria de Deus,
quando me abatem as perturbações da
tristeza,
quando o peso do corpo me faz olhar
para o pássaro que tem asas.
Se a dor asfixia meu sangue,
se a inquietação afoga minha alma,
ajuda-me a erguer os diques do cântico.
Espírito de Deus, dom de amar,
comanda minhas escolhas.

Faze-me descobrir o metal puro da aliança
que une a caridade inspiradora ao simples
dever,
a liga que muda a poeira em palhetas de ouro.
Despertador da ação, Espírito de força,
eletriza meus músculos.
Lança tua energia sem medida,
e que eu continue a agir além do termo de meu
tempo.
Espírito, tu dás o conhecimento para lá do
saber.
Que adianta o universo sem a surpresa das
almas?
Esplendor de Deus, Espírito de luz,
Em meu espírito coloca o louvor,
e em meu coração a gratidão.
Onde te ocultas, Espírito de transparência?
Torna meus olhos aptos para ver e reconhecer
o rastro de tua doçura, o andar de teu poder
quando passas e renovas a face da terra.
Espírito de semeadura,
inquieta-me com algo diferente do humano.
Faze-me testemunhas a primavera te tua
presença.

Achille Degeest

SOPRA SOBRE MEUS OLHOS

Espírito Santo,
que conduziste os profetas
por desertos de areia
ou pela amplidão dos mares,
sopra sobre meus olhos,
a fim de que, por toda a parte,
saibam ver a Trindade Santa.
Sopra sobre meus lábios,
a fim de que só digam e cantem
a verdade que liberta.
Abre meu coração à beleza do mundo,
ao alegre esplendor das formas sensíveis,
para que todos os meus encontros
sejam sempre louvores a Deus
e motivos de amor,
e todas as criaturas constituam
degraus que me levem ao Criador.

Joseph Folliet

TU RENOVAS A FACE DO MUNDO

Vem, Espírito, divino Paráclito,
comunhão do Pai e do Filho.
Tua vinda é o ápice
das maravilhas de Deus realizadas entre nós...
Tu dás a vida a todas as coisas,
tu, que vens renovar a face da terra.
Tu reges os movimentos dos corações
e conduzes os homens para o amor.
Por teu sopro nós temos a graça de amar,
e com tua força tu nos transformas.
Dá-nos sermos o socorro dos oprimidos,
a força dos fracos,
o auxílio na provação, artífices da paz.
Faze que sejamos absorvidos em Deus
e que a sua caridade aproxime
e reúna todos os seres.

Jean Toscano

FONTE DE VIDA

Vem, Espírito Santo, inunda-nos!
Espírito do Pai, vivifica-nos!
Espírito do Filho, salva-nos!
Amor eterno, abrasa-nos,
com teu fogo inflama-nos,
com tua luz ilumina-nos.
Fonte viva, dessedenta-nos,
de nossos pecados purifica-nos.
Por tua unção robustece-nos,
com teu consolo recria-nos.
Com tua graça nos guia
e protege-nos com teus anjos.
Não consintas jamais separar-nos de ti
e ouve nossa oração, Deus Espírito Santo.
Toca-nos com teu dedo
e infunde-nos a torrente de virtudes.
Fortalece-nos com teus dons,
deleita-nos com teus frutos.
Guarda-nos do inimigo mau,
unge-nos para o combate derradeiro,
ampara-nos à hora da morte.
Chama-nos, então, para junto de ti,
para louvar, por toda a eternidade,
o Pai, o Filho e a ti,com todos os Santos,
ó doce Consolador.

Amém.

João Janssen

PRECISAMOS DE TI

Precisamos de ti, de ti somente,
e de ninguém mais.
Somente tu, que nos amas, podes sentir,
por nós todos que sofremos,
a compaixão que cada um de nós
sente em relação a si mesmo.
Só tu podes sentir quanto é grande,
incomensuravelmente grande,
a necessidade que há de ti, neste mundo,
nesta hora que o mundo atravessa.
Nenhum outro, nenhum dentre tantos que vivem,
nenhum dos que dormem no lamaçal da glória,
pode conceder a nós, necessitados,
o dom de voltar a ver o bem que salva,
em meio da atroz penúria,
da miséria mais tremenda
que qualquer outra — a da alma.
Todos precisam de ti,
mesmo aqueles que não o sabem,
e estes que não o sabem precisam
bem mais do que os que sabem.
O faminto pensa que deve procurar o pão
e, no entanto, tem fome de ti;

o sedento julga querer água,
mas o que sente é sede de ti,
o enfermo ilude-se ao desejar a saúde,
porque o seu mal é a ausência de ti.
Quem busca a beleza no mundo,
sem se aperceber busca a ti,
que és a beleza plena e perfeita;
quem, em seus pensamentos,
procura a verdade,
sem querer deseja a ti,
que és a única verdade
digna de ser conhecida;
e quem se esforça para alcançar a paz
está buscando a ti,
a única paz onde podem repousar
os corações mais inquietos.
Eles te chamam sem saber que te chamam
e o seu grito é inexprimivelmente
mais doloroso do que o nosso.

Papa João Paulo I

ESPÍRITO DE ORAÇÃO

Espírito de oração,
tu, em quem o amor é prece,
vem traduzir em nosso coração
teu amor pelo ardor da oração.
Convence-nos da necessidade da oração,
conforme a recomendação de Jesus
a seus discípulos: "Velai e orai".
Inspira-nos o gosto, a paixão de rezar,
como nos inspiras o gosto e a paixão de amar.
Dá-nos a coragem de interromper nossas atividades
e abandonar nossas preocupações,para nos entregar ao único necessário, para rezar.
Ensina-nos a rezar, a dialogar com o Senhor
ou a permanecer perto dele em silêncio.
Sustenta em nossa prece
o movimento do espírito e do coração,
libertando-o de qualquer outro impulso
e arrastando-o para Deus.
Na impossibilidade de rezar,
ajuda-nos a manter nossa oferenda,
a fazer uma oferenda mais sincera de nossa pobreza.

Como nossa prece deve ser a expressão do amor,
impede-nos de pensar muito em nós mesmos,
e faze-nos rezar pelos outros, pela Igreja.
Faze, sobretudo, de nossa prece
o esquecimento de nós mesmos
por um olhar que nos mergulha no Senhor.
Vem rezar em nós, Espírito Santo,
e valoriza, por tua prece divina,
nossa miserável oração humana.

Jean Galot

DE TI, ESPÍRITO SANTO

De ti, Espírito Santo, espero luz e força,
dinamismo e coragem.
quisera deixar-me dominar e guiar por ti,
ficando à escuta das menores sugestões
que me comunicas
em todas as circunstâncias.
Desejo encontrar em ti a verdadeira coragem
que não cede jamais, para realizar até o fim,
na alegria e na dor, minha missão.
Aos problemas diversos que devo enfrentar,
mostra-me a resposta,
inspira-me as palavras que devem ser ditas,
as providências a tomar,
as opções a fazer, o amor a testemunhar.
Que meu trabalho, colocado sob a tua ação,
ultrapasse meus limites e opere em todos
aqueles
que colocas no meu caminho as maravilhas
de Deus.

LOUVOR AO ESPÍRITO

Louvado sejas, Espírito de força e de verdade.
Tu és o fogo de amor que arde no coração de Deus.
Tu és a luz que aclara o caminho de todo o universo.
Tu és o defensor que testemunha
a verdade no coração de cada ser.
Consolador,
a cada instante tornas presente ao homem
o amor infinito de Deus.
Tu, que és fiel, jamais abandonas
quem procura o Senhor.
Dispensador de todos os dons,
luz de nossos corações, sopro do amor,
fonte da alegria, nós te louvamos.

AO ESPÍRITO SANTO NO INÍCIO DE REUNIÕES

Espírito Santo, estamos diante de vós, sob o peso de nossas culpas, porém reunidos em vosso nome. Vinde a nós e ficai conosco! Entrai em nossos corações. Ensinai-nos o que devemos fazer. Que caminho seguir. Mostrai-nos como devemos agir, para podermos, com vossa ajuda, agradar-vos em tudo. Que somente vós sejais o inspirador e o doador de nossos pensamentos. Vós, que amais infinitamente a justiça, não permitais que façamos injustiças. A ignorância não nos leve a praticar a maldade. Que ninguém de nós se deixe guiar olhando só para um lado, com parcialidade ou com interesses puramente pessoais. Ao contrário, que estejamos firmemente unidos a vós, para sermos uma só coisa convosco, nunca nos desviando da verdade.

Espírito Santo, assim como nos reunimos em vosso nome, guiados pelo vosso amor, fazei que permaneçamos sempre unidos na justiça. E que nesta terra jamais nos afastemos de vós. E na vida futura, alcancemos a felicidade eterna. Amém.

Do 4º Concílio de Toledo

ESPÍRITO SANTO, ILUMINAI-ME

Ó Espírito Santo, alma de minha alma, eu vos adoro,
iluminai-me, guiai-me, fortificai-me, consolai-me, dizei-me o que devo fazer,
dai-me vossas ordens:
Eu prometo obedecera tudo o que desejais de mim
e de aceitar tudo o que
permitirdes que me aconteça.
Fazei-me somente conhecer a vossa vontade.
Amém.

Cardeal Mercier

ESPÍRITO DE SANTIDADE

Espírito do Pai, vós sois a luz.
Enviai-nos do céu o esplendor da glória.

Unção celeste, fonte de vida,
revigorai os corações e curai os corpos.

Espírito de Santidade, Espírito de luz,
Espírito de fogo, descei sobre nós.
Testemunho verdadeiro,
vós nos enviais ao mundo
para proclamar que Cristo ressuscitou!
Espírito de exultação, alegria da Igreja,
fazei brotar dos corações o canto do Cordeiro.
Espírito de Santidade, Espírito de luz,
Espírito de fogo, descei sobre nós.

Fazei-nos conhecer o amor do Pai
e revelai-nos o rosto de Jesus Cristo.
Fogo que ilumina, sopro de Vida,
Vós tornais gloriosa a Cruz do Senhor.

Espírito de Santidade, Espírito de luz,
Espírito de fogo, descei sobre nós.

VINDE, ESPÍRITO DE CRIAÇÃO

Que vossa força criadora me ajude a ser sinal de vida para todos os que eu encontrar neste dia. Ajudai-me a ser vida em abundância e presença vossa. Quero contemplar as maravilhas criadas por Deus e louvar o dom maior que é a vida.

Assim como vos movíeis sobre o caos no início da criação, que eu esteja aberto para a vossa ação em favor da minha vida. Pairai sobre meu dia e não me deixeis cair no caos de não perceber a vossa presença criadora.

"Pois foi ele que criou todas as coisas" (Jr 10,16).

Hélcio Vicente Testa

VINDE, ESPÍRITO DE SANTIDADE

Quero santificar o meu dia e consagrar-vos meus afazeres. Que tudo o que eu faça hoje seja para a glória de Deus e para a minha santificação. Auxiliai-me na busca da perfeição e da aproximação de vós.

O vosso Espírito mova o meu coração para só pensar o que constrói; afastai de mim todas as malícias e tentações, para que eu possa mais fielmente ser templo vosso e assim alcançar a graça da santidade.

"Adorai ao Senhor na beleza da sua santidade" (1Cr 16,29).

Hélcio Vicente Testa

VINDE, ESPÍRITO CONSOLADOR

Afastai do meu dia todos os sofrimentos e angústias. Que eu possa superar tudo o que de mal me acontecer contando com a vossa graça e com a vossa proteção. Que não abata sobre mim o desespero mas sim a força de superar barreiras que me vem de vós.

Que todas as formas de sofrimento se afastem do meu dia e que eu possa perceber a vossa ação consoladora a me amparar. Que possa também ser amparo para todos aqueles que sofrem injustiça e que estão desesperados e desamparados.

"Se me amais, observareis os meus mandamentos; e eu rogarei ao Pai e ele vos dará outro Consolador, para que fique eternamente convosco" (Jo 14,15-16).

Hélcio Vicente Testa

VINDE, ESPÍRITO DE FIDELIDADE

Que eu exercite neste dia o dom da fidelidade. Que eu consiga ser fiel a todos os meus compromissos e a todos os meus deveres, e que tenha sempre diante de mim a vossa fiel proteção.

Assim como vosso amor nunca nos abandona, que eu possa amar a todos com a mesma fidelidade e que possa perceber as maravilhas de ser comprometido com esse amor. Louvado sejais, Senhor, pela fidelidade a vosso povo e pelo vosso fiel amor por mim.

"Porque o Senhor é bom... e sua fidelidade estende-se de geração a geração" (Sl 100,5).

Hélcio Vicente Testa

VINDE, ESPÍRITO DE SAÚDE

Quero nesta manhã pedir a saúde física. Protegei o meu corpo contra todos os perigos e contra todos os males que possam torná-lo frágil. Dai-me coragem para afastar-me de tudo o que possa prejudicar minha saúde.

Que o vosso Espírito, que levantou a tantos de seus leitos e de suas prostrações possa fazer morada em meu coração e me curar, trazer saúde e proteção para mim e para todos aqueles que amo. Quero pedir por todos os que estão nos hospitais; concedei-lhes a paciência e a recuperação.

"Ele tomou sobre si as nossas enfermidades, e levou as nossas doenças" (Mt 8,17).

Hélcio Vicente Testa

VINDE, ESPÍRITO DE PAZ

Os conflitos povoam nosso mundo e nossa mente; ajudai-me a ser semente de paz num mundo em discórdia. Que a paz que nos vem de vós seja vivida e aplicada no meu dia.

Peço pelos povos em guerra, pelos conflitos, pela paz no mundo. Trazei, Senhor, a paz nos lares; rezo em especial pela paz dos meus familiares e para que eu possa sentir a vossa paz no meu coração. Louvados sejam aqueles que promovem a paz; que eu possa me transformar em instrumento da vossa paz.

"Deixo-vos a paz, a minha paz vos dou" (Jo 14,27).

Hélcio Vicente Testa

VINDE, ESPÍRITO DE PERDÃO

Tenho consciência das minhas falhas e dos meus erros; muitas vezes me afasto de vós através do pecado. Tenho me afastado de meus irmãos e irmãs e tenho até deixado que sentimentos de rancor e mágoas povoem o meu ser.

Quero passar este dia sentindo vossa força de perdão e buscando ser perdão para aqueles que me cercam. Que eu possa experimentar a graça do perdão em sua plenitude, e saber o quanto é bom viver sendo perdão para os outros.

"Ao Senhor nosso Deus, pertencem a misericórdia e o perdão" (Dn 9,9).

Hélcio Vicente Testa

VINDE, ESPÍRITO DE AMOR

Quero passar o dia tendo a certeza que sou muito amado, e por isso devo distribuir este mesmo amor a meus irmãos e irmãs. Vinde, Senhor, em meu socorro; que eu não deixe de sentir vossa presença e vossa graça a invadir a minha alma.

O mundo precisa sentir o quanto é amado por vós e eu quero neste dia ser sinal de amor. Que minha presença possa transmitir esse amor e que o meu dia seja direcionado apenas para amá-lo, assim como vós o fazeis.

"Amemo-nos uns aos outros, porque o amor é Deus" (1Jo 4,7).

Hélcio Vicente Testa

VINDE, ESPÍRITO DE CORAGEM

O medo muitas vezes toma conta do meu ser. Sei que posso contar com vossa força, mas acovardo-me diante dos problemas que a vida me apresenta. São tantos os conflitos, que me sinto fraco e com medo.

Fielmente acredito que poderei vencer todos os obstáculos se puder contar com a coragem que vem de vós. Auxiliai-me, Senhor, a ser forte diante das minhas dificuldades, e que o desespero nunca se aposse de minha alma.

"Mas tende confiança, eu venci o mundo" (Jo 16,33).

Hélcio Vicente Testa

VINDE, ESPÍRITO DE JUSTIÇA

Nossa sociedade apresenta tantas injustiças e desigualdades que facilmente acreditamos que as coisas são assim mesmo. Os valores supremos de justiça e de fraternidade estão desaparecendo de nossas vidas.

Buscarei hoje perceber todas as injustiças sociais e quero com a vossa graça não me omitir. Senhor nosso e suprema justiça, fazei-me ser neste dia um sinal do vosso reino de justiça, fraternidade e partilha.

"O que o Senhor requer de ti: É que pratiques a justiça, que ames a misericórdia" (Mq 6,8).

Hélcio Vicente Testa

VINDE, ESPÍRITO DE SABEDORIA

Acredito que de vós nos vêm todo o saber e o entendimento; muitas vezes nos falta sabedoria para distinguir o que é bom do que nos pode prejudicar; o mundo apresenta-nos muitas escolhas, resta-nos fazer a opção.

Quero poder contar com o saber que de vós procede para aceitar tudo o que há de bom no mundo e rejeitar o que é prejudicial. Sabedoria suprema, derramai sobre mim o vosso espírito e a vossa sabedoria encha o meu ser para que eu possa ser sábio nas minhas decisões.

"Mas a sabedoria foi justificada pelas suas obras" (Mt 11,19).

Hélcio Vicente Testa

VINDE, ESPÍRITO DE PRUDÊNCIA

Minha impetuosidade muitas vezes me faz tomar caminhos errados, a prudência deve ser nossa companheira diária para não errarmos em nossas opções. Quero passar este dia tendo como meta a prudência no agir e no falar.

Dirigi, Senhor, todas as minhas ações para que eu não cometa erros e não peque por agir impensadamente.

"A ciência dos santos é a prudência" (Pr 9,10).

Hélcio Vicente Testa

VINDE, ESPÍRITO DE LUZ

Quero a vossa claridade a iluminar o meu dia; muitas vezes as trevas se apossam de minha alma e eu me deixo abater pela depressão. Quero irradiar a luz de vosso Espírito com a luminosidade de minha alma.

Confesso que tenho me deixado levar por pensamentos negativos, e que eles têm aos poucos ofuscado a luz de Deus. Vinde depressa, Senhor, e iluminai o meu coração, irradiai vossa luz em todo o meu ser para que eu seja fagulha de vosso brilho a iluminar o mundo.

"Andai como filhos da luz, porque o fruto da luz consiste em toda espécie de bondade, de justiça e de verdade" (Ef 5,9).

Hélcio Vicente Testa

VINDE, ESPÍRITO DE UNIÃO

O mundo se desfaz e a desunião impera em nossos dias. As guerras e os conflitos fazem presença em nosso dia a dia. Pequenas guerras que criamos dentro de nossos lares abrem espaço para que a falta de unidade se espalhe e crie grandes separações.

Para promover a unidade, quero sentir-me unido a vós. O amor que une a Santíssima Trindade encontre em mim um terreno fértil e que eu possa dar frutos de unidade a todos aqueles que sofrem com as pequenas e grandes guerras de nossos dias.

"Quão bom e quão suave é que os irmãos vivam em união" (Sl 133,1).

Hélcio Vicente Testa

VINDE, ESPÍRITO DE ALEGRIA

A tristeza faz parte de nossa vida, porém não nos devemos deixar abater por ela. Situações de perda, de desespero, de angústia, entristecem a nossa alma e nos tornam mais amargos com aqueles que nos cercam.

Dai-me, Senhor, a alegria de viver, e a possibilidade de enfrentar todas as situações com a confiança na alegria de ser seu filho amado. Alegre-se minha alma, pois todas as tristezas serão consoladas por Deus

.

"Alegraste-me, Senhor, com as tuas obras" (Sl 92,5).

Hélcio Vicente Testa

VINDE, ESPÍRITO DE ESPERANÇA

O desânimo se apodera de mim, e eu me deixo levar; desacredito de tudo e de todos, sinto-me fraco e chego às vezes a me desesperar; não busco ajuda e por isso minha alma torna-se repleta de dúvidas e questionamentos.

Creio, Senhor, que todo o nosso ser só encontra repouso em vós. Quero ser e ter esperança, esperança de dias melhores, esperança de solução de conflitos, esperança de poder ser revestido com a vossa força e com o vosso amor.

"Bom é ter esperança e aguardar em silêncio a salvação do Senhor" (Lm 3,26).

Hélcio Vicente Testa

VINDE, ESPÍRITO DE CERTEZA

A dúvida leva a sentir-me fraco na fé, faz com que eu não perceba a vossa presença, que eu não sinta que vossa prática busca vencer toda forma de injustiça.

Tirai, Senhor, de mim todas as dúvidas e que eu possa ter a certeza de que com o vosso auxílio não mais terei medo, e me comprometerei com a busca da verdade e da justiça. Que eu possa me converter, e ser um fiel seguidor vosso. A certeza de vossa presença seja a alegria do meu dia.

"Imediatamente Jesus estendeu-lhe a mão, tomou-o e lhe disse: Homem de pouca, fé por que duvidaste?" (Mt 14,31).

Hélcio Vicente Testa

VINDE, ESPÍRITO DE ENTENDIMENTO

Os sinais da presença de Deus povoam o nosso dia a dia; muitas vezes não entendo essa força criativa. Dai-me hoje o dom do entendimento para crescer na fé e poder entender e assimilar a presença de Deus no mundo.

Ajudai-me a superar as aparências para que eu possa perceber realmente a vossa ação, auxiliai-me a ter um olhar mais límpido para ver o mundo como vós o vedes.

"Então abriu-lhes o entendimento para compreenderem as Escrituras" (Lc 24,45).

Hélcio Vicente Testa

VINDE, ESPÍRITO DE PIEDADE

Meu coração muitas vezes está duro como a pedra; isso impossibilita que eu me abra com ternura para Deus e para os meus irmãos. Enchei-me de piedade para que eu possa rezar confiante, mesmo nos momentos difíceis, tão propícios a rebeldias interiores.

Para tornar possível a civilização do amor, quero um coração puro, repleto de compreensão, de tolerância, de perdão. Que a vossa piedade me cubra neste dia.

"*E à piedade amor fraternal, e ao amor fraternal caridade*" (2Pd 1,7).

Hélcio Vicente Testa

VINDE, ESPÍRITO DO TEMOR DE DEUS

Muitas vezes abuso da graça divina; despertai em mim o amor filial para que sempre confiante eu vos busque.

Quero caminhar por este dia sem falhar, sem vos ofender, porque vos amo e respeito. Que a vivência deste dom não seja somente para o meu proveito, mas para a edificação do vosso Reino.

"O temor do Senhor é o princípio da sabedoria" (Sl 111,10).

Hélcio Vicente Testa

VINDE, ESPÍRITO DE FORTALEZA

A fraqueza de espírito nos impulsiona a cometer atos movidos simplesmente pelas paixões internas e pela pressão do ambiente. Atos que demonstram a nossa fraqueza moral e que produzem acomodação e pecado social.

Que o dom da fortaleza me auxilie a aperfeiçoar e elevar a minha virtude moral, infundindo em mim a coragem para fazer a vontade de Deus, especialmente nos tempos difíceis e nas provações da vida.

"Deus é minha fortaleza e minha força" (2Sm 22,33).

Hélcio Vicente Testa

VINDE, ESPÍRITO DE CIÊNCIA

Pelas ciências somos levados a conhecer as leis naturais que regem o mundo; mas com o dom da ciência que de vós provém podemos conhecer o verdadeiro valor das vossas criaturas.

Que eu possa neste dia não valorizar o que é material, que eu não transforme em ídolos as coisas por vós criadas, mas possa valorizá-las pela sua dependência de vós, Criador de todas as coisas. Que a vossa ciência me auxilie a perceber o mundo como manifestação de vosso amor infinito.

"É ele que revela as coisas profundas e escondidas, que conhece o que está nas trevas" (Dn 2,22).

Hélcio Vicente Testa

VINDE, ESPÍRITO DE CONSELHO

As paixões muitas vezes nos levam a tomar decisões destrutivas; o vosso dom do conselho vem socorrer-nos para obtermos uma justa decisão.

Logo pela manhã venho pedir que me auxilieis a dirigir a palavra exata, no momento oportuno, a cada pessoa. Vosso dom possa iluminar a minha consciência, principalmente nas opções morais que a vida me apresentar. Que vosso conselho me ajude a praticar a virtude cardeal da prudência em minhas ações.

"Sabedoria e fortaleza estão em Deus; ele possui o conselho e a inteligência" (Jó 12,13).

Hélcio Vicente Testa

VINDE, ESPÍRITO DE AMPARO

Como é bom sentir-me amparado por vós. Nos momentos difíceis de minha vida posso sempre perceber a vossa presença a me sustentar, a me proteger, a me amparar.

Assim como sinto o vosso amparo em meus dias, quero hoje poder transmitir este mesmo sentimento aos meus irmãos. Dai-me forças, Senhor, para amparar aquele que estiver caído, abalado ou desesperado. Que a vossa presença de amparo seja sentida com a minha presença.

"Atacaram-me no dia da minha aflição, e o Senhor fez-se meu amparo" (Sl 18,19).

Hélcio Vicente Testa

VINDE, ESPÍRITO DE FÉ

Muitas vezes sinto-me fraco no meu acreditar, no meu confiar. Sei que vós sois o centro e a fonte de toda a nossa fé, mas humildemente como os Apóstolos, venho pedir-vos: "eu creio, mas aumentai a minha fé".

Quero acreditar com todo o meu ser, com todas as minhas forças, para transmitir as maravilhas que tenho experimentado em minha vida. Dai, Senhor, que eu seja forte na fé e que possa superar todas as dúvidas que povoam a minha mente.

"Mas o justo viverá na sua fé" (Hab 2,4).

Hélcio Vicente Testa

VINDE, ESPÍRITO DA VOCAÇÃO

Desde a minha concepção vós me chamastes à vida. A todo momento sinto que continuais me chamando para ser cristão por completo, e eu tenho de responder a esta vocação como o meu sim, consciente de que existem várias formas de chamados. Quero hoje ser resposta de amor a seu chamado.

Dentro das minhas circunstâncias e dos meus limites quero responder o meu sim, e colocar-me verdadeiramente a seu serviço. Fazei de mim, Senhor, um instrumento do vosso amor e da vossa misericórdia.

"Andeis de um modo digno da vocação a que fostes chamados" (Ef 4,1).

Hélcio Vicente Testa

VINDE, ESPÍRITO MISSIONÁRIO

Preciso responder ao compromisso assumido em meu batismo. Envia-me, Senhor, para ser um anunciador de vossa Palavra, preciso sentir vossa força a me impulsionar, a me proteger e a me conduzir.

Que eu não tenha medo de proclamar, de evangelizar, de anunciar a vossa misericórdia e o vosso amor. Faça-se em mim segundo a vossa Palavra e que eu possa servir-vos como anunciador desta mesma Palavra.

"O Senhor Deus me enviou com o seu espírito" (Is 48,16).

Hélcio Vicente Testa

VINDE, ESPÍRITO DE TESTEMUNHO

Diante de um mundo secularizado, onde os valores materiais sobrepõem os espirituais, onde o ter e o poder são mais valorizados do que o ser, é difícil dar testemunho do ser cristão, do acreditar na possibilidade de um mundo de justiça e fraternidade.

Assim como vós destes força aos santos e santas de Deus para com sua vida serem testemunhas de vosso amor, ajudai-me a ter a coragem de dar testemunho com a minha vida na busca de um mundo melhor.

"O testemunho é este: que Deus deu-nos a vida eterna" (1Jo 5,11).

Hélcio Vicente Testa

VINDE, ESPÍRITO ANIMADOR

O desânimo se abate sobre mim, e eu me sinto fraco até para rezar. Nestas horas é que quero contar com a força animadora que de vós nos vem. Dai-me ânimo para poder pedir, para poder agradecer, para poder louvar. Que eu não desanime na minha busca diária da santidade.

Animador da Santa Igreja, vinde até mim com vosso fogo abrasador e infundi em meu coração a coragem para poder orar e cumprir com os meus deveres de cristão.

"Tendes ânimo, sou eu, não temais" (Mt 14,27).

Hélcio Vicente Testa

VINDE, ESPÍRITO DE LIBERDADE

Existem muitas prisões em nosso mundo, porém, as maiores prisões são aquelas que não podem ser vistas, as prisões dos vícios, das maldades, do desamor; prisões onde a chave da liberdade está no coração.

Vós tendes dado muitas provas durante a nossa vida de que sois o supremo libertador. Sede hoje para mim razão de libertação para todas as correntes que me impedem de viver plenamente a vida que de vós me vem.

"No meio de minhas tribulações invoquei o Senhor, e ele me ouviu, e me libertou" (Sl 116,3s.).

Hélcio Vicente Testa

VINDE, ESPÍRITO DE PACIÊNCIA

O meu nervosismo e a agitação do dia-a-dia fazem que eu não exercite o dom da paciência, da espera confiante. Muitas vezes minha impaciência faz com que eu magoe aqueles que estão à minha volta.

Seja, Senhor, o meu auxílio nos momentos em que eu me deixar levar pela impaciência, para que eu possa discernir melhor todas as situações que a vida me impõe, e para melhor compreender o meu próximo.

"O que é paciente governa-se com muita prudência" (Pr 14,29).

Hélcio Vicente Testa

VINDE, ESPÍRITO DE PRESENÇA

Tudo o que somos e temos, de vós nos vem.

Nesta noite que se inicia, quero louvar as alegrias e tristezas de meu dia.

Nas alegrias pude perceber o quanto sou amado e quanto sinto a vossa presença, nas horas em que tudo decorre de forma perfeita e harmoniosa.

Quero louvar também a tristeza, porque ela me ensina a paciência e a força para superar barreiras e vencer os obstáculos, que a vida nos apresenta.

Sei que vós estivestes em todos os momentos de meu dia, por isso vos louvo por sentir a vossa presença na alegria e o vosso amparo na tristeza.

Vinde, Espírito de Presença, concedei-me um sono tranquilo e um despertar feliz.

"Gloriai-vos em seu santo nome; alegre-se o coração dos que buscam o Senhor" (Sl 105,3)

Hélcio Vicente Testa

VINDE, ESPÍRITO DE SOLIDARIEDADE

Durante o dia de hoje tive de exercitar o dom da solidariedade.

Somos chamados a ser solidários em pequenos gestos, com as pessoas que nos cercam, com aqueles que são o nosso próximo.

Quero bendizer a oportunidade que tive hoje de ser sinal de vossa solidariedade, a oportunidade de me colocar a serviço do outro sem nenhum interesse, simplesmente pela alegria de servir àqueles que precisam de mim, de minha mão estendida, de meu apoio, de minha palavra amiga.

Nesta noite que se inicia venho pedir a força de vosso amor, para que no dia de amanhã eu continue sendo solidário com meus irmãos e irmãs e assim consiga ver vossos dons espalharem-se pelo mundo.

Vinde, Espírito de Solidariedade, concedei-me um sono tranquilo e um despertar feliz.

"Porque eu, o Senhor teu Deus, te seguro pela tua mão direita e te digo: Não temas; eu te ajudarei" (Is 41,13).

Hélcio Vicente Testa

VINDE, ESPÍRITO DE HONESTIDADE

Ser honesto com as pessoas é um valor moral, que muitas vezes nos esquecemos de praticar.

Criticamos os grandes atos de desonestidade, que presenciamos em nossa sociedade, entretanto não percebemos que pequenas atitudes nossas podem levar-nos a acostumar com esse pecado.

Que eu seja honesto primeiramente comigo mesmo, que não busque meios para mascarar os meus pecados.

Que viva a honestidade com os meus irmãos e irmãs.

Que busque ser honesto com a minha Igreja e com os seus mandamentos.

Que o sono tranquilo traga-me a cura desse pecado, que tanto prejudica o meu viver.

Vinde, Espírito de Honestidade, concedei-me um sono tranquilo e um despertar feliz.

"Exorto, pois, antes de tudo que se façam súplicas, orações, intercessões e ações de graças por todos os homens, pelos reis e por todos os que exercem autoridade, para que

tenhamos uma vida tranquila e sossegada, em toda a piedade e honestidade" (1Tm 2,1-2).

Hélcio Vicente Testa

VINDE, ESPÍRITO DE VIDA

Divina força que nos impulsiona para a construção do Reino de Deus. Acredito que hoje muitas ações de meu dia foram sementes lançadas para a edificação de um reino de justiça e fraternidade: aquela acolhida fraterna ao meu irmão menos favorecido, aquele sorriso sincero, que serviu de apoio a quem precisava de alegria em sua vida.

Pequenos gestos, como que pequenas sementes, que pude lançar no terreno da vida, na firme esperança de que produzirão frutos, e o fruto maior será a vossa presença no mundo.

A noite que surge traga a certeza de que o meu amanhã será um dia luminoso, em que poderei ver brotar as sementes de vida, que hoje lancei.

Que meu corpo e minha mente repousem na paz e na certeza de que pude fazer minha parte na construção do Reino de Deus.

Vinde, Espírito de Vida, concedei-me um sono tranquilo e um despertar feliz.

"Vê que hoje te pus diante de ti a vida e o bem, a morte e o mal" (Dt 30,15).

Hélcio Vicente Testa

VINDE, ESPÍRITO DE CONSAGRAÇÃO

Faço nesta noite a minha entrega pessoal a vós, meu Senhor. Vós que sois a fonte e a meta do meu viver, restaurai a minha vida, revitalizai a minha fé, colocai-me no caminho da santidade. Consagro a minha família e todos aqueles que amo, cuidai de cada um deles, dai-lhes força na caminhada, sustentai-os em suas necessidades materiais e espirituais. Que meus pecados sejam tirados de vossa frente, que minhas fraquezas não sejam levadas em conta,e que o meu sincero desejo de me entregar a vossa ação possa chegar até vós, como uma oração sincera que brota da minha alma.

Meu descanso noturno seja um profundo repouso em vós, tomai todo o meu ser e fazei de mim um instrumento de vossos dons.

Vinde, Espírito de Consagração, concedei-me um sono tranquilo e um despertar feliz.

"Entrega o teu caminho ao Senhor; confia nele, e ele tudo fará" (Sl 37,5).

Hélcio Vicente Testa

VINDE, ESPÍRITO DE AMOR

Senhor da vida, hoje quero agradecer os momentos em que vosso amor se fez presente durante o meu dia.

Como é bom sentir esse amor fiel a nos transmitir a segurança necessária para nos sentir fortalecidos.

Em vários instantes do dia de hoje,nas pequenas coisas, pude perceber o quanto sou amado.

Sou agradecido pela vida que de vós provém, sou agradecido pelo ar, pela água e pela terra, elementos que fazem parte de minha vidae são sinais de vosso amor para que possamos viver, nos purificar e tirar o nosso sustento. Como é bom, Senhor, saber que vou dormir na certeza de que em vosso infinito amor estará vigiando meu sono, e que no despertar de um novo dia encontrarei novamente todos os elementos da natureza a gritarem o vosso fiel e infinito amor.

Vinde, Espírito de Amor, concedei-me um sono tranquilo e um despertar feliz.

"O amor de Deus está derramado em nossos corações pelo Espírito Santo que nos foi dado" (Rm 5,5).

Hélcio Vicente Testa

VINDE, ESPÍRITO DE SUMO BEM

Temos a certeza de que sois o supremo bem, porém, como criaturas imperfeitas que somos, nos deixamos levar pelo mal que habita o mundo. O mal do egoísmo, quando tantas pessoas morrem de fome. O mal da preguiça, quando há tanto o que fazer para tornar o mundo melhor para todos. O mal da ira, que nos leva a tomar atitudes precipitadas e a descarregar nossa intolerância em pessoas inocentes. Como são inúmeras, Senhor, as oportunidades de se fazer o bem, e nos deixamos levar pelo mal, que tanto nos afasta de vós e do vosso plano de salvação. Acredito que neste dia que passou realizei atos em que o mal se fez presente, seja em atitudes voluntárias, seja em atos impensados.

Para que eu possa ter um repouso tranquilo e a minha alma possa ficar em paz, perdoai-me, Senhor, o mal que hoje cometi.

Vinde, Espírito de Sumo Bem, concedei-me um sono tranquilo e um despertar feliz.

"Aquele, pois, que sabe fazer o bem e não o faz, comete pecado" (Tg 4,17).

Hélcio Vicente Testa

VINDE, ESPÍRITO DE CAUTELA

Podemos ofender os outros com palavras que muitas vezes nos parecem inofensivas ou com palavras que surgem nos momentos de raiva ou de desentendimentos. Quantas palavras disse, neste dia de hoje, que podem ter ofendido ou magoado pessoas queridas.

Palavras que podem ficar gravadas nos corações dessas pessoas; rancores que surgirão por minha inconsequência, por minha falta de cuidado com as palavras ditas.

Inúmeras vezes abrimos nossa boca para maldizer ou quem sabe até para blasfemar, e não falamos palavras que edificam os irmãos e as irmãs, ou mesmo que louvem as vossas maravilhas. Que o sono reparador desta noite ajude-me a ser mais cauteloso com o falar.

Vinde, Espírito de Cautela, concedei-me um sono tranquilo e um despertar feliz.

"Sabei isto, meus amados irmãos: Todo homem seja pronto para ouvir, tardio para falar e tardio para se irar" (Tg 1,19).

Hélcio Vicente Testa

VINDE, ESPÍRITO, NOSSO MELHOR AMIGO

Tenho a certeza de que somos formados a partir de nossa convivência com as pessoas.

Nossos amigos são para nós fonte de conhecimento, de confiança e de apoio. Quero nesta noite rezar por todos os meus amigos, pelas pessoas que fazem parte de minha vida e por aqueles que por algum motivo já não estão mais no meu convívio; pelos que estão distantes e por aqueles que se fazem presente no meu dia a dia; pelos amigos de minha infância, que estiveram comigo nas brincadeiras e descobertas da vida; enfim por todos os que se fizeram presentes e que guardo na lembrança. Para que todos esses meus amigos encontrem a felicidade de viver e a alegria de confiar em vós, eu rezo nesta noite.

Para que ao despertarem no próximo dia possam sentir a vossa presença amiga dando-lhes força em sua caminhada como amigos e amigas e como presença na vida dos outros.

Vinde, Espírito, nosso melhor Amigo, concedei-me um sono tranquilo e um despertar feliz.

"Ninguém tem maior amor do que este, de dar alguém a sua vida pelos seus amigos" (Jo 15,13).

Hélcio Vicente Testa

VINDE, ESPÍRITO, BÊNÇÃO DAS FAMÍLIAS

Minha família é o meu grande tesouro, e nesta noite quero bendizer-vos pela família que me destes. Sei que não somos perfeitos, sei que muitas vezes nos desentendemos, que deixamos as raivas suplantarem o amor que nos une; mas sei também que é muito bom poder tê-los

como ponto de apoio em minha vida,

como referencial de minha existência. Quantas pessoas nesta noite estão longe de suas famílias, separadas pela distância geográfica ou, pior ainda, separadas pela distância do desamor, da desunião.

A família é nossa pequena igreja, é nela que devemos dar os primeiros passos da fé.

Por isso, Senhor, por todas as famílias vos bendigo,por aqueles que estão distantes vos peço, e pela união entre as famílias vos suplico.

Vinde, Espírito, Bênção das famílias, concedei-me um sono tranquilo e um despertar feliz.

"Todos os limites da terra se lembrarão e se converterão ao Senhor, e diante dele adorarão todas as famílias das nações" (Sl 22,28).

Hélcio Vicente Testa

VINDE, ESPÍRITO DE CURA

Nesta noite tranquila de sono, quero repousar não somente o meu físico, mas também o meu lado espiritual. Quero repousar em vós, Senhor, para que durante esta noite possa sentir-me curado de todas as imperfeições que me afastam de vós.

Libertai o meu coração de todas as mágoas e angústias, de todos os medos e depressões. Que tudo o que necessita ser perdoado, tudo o que precisa ser curado, possa nesta noite se transformar em um grande louvor a vós. Durante muito tempo fui acumulando em meu ser as mágoas de minha infância, as respostas que não gostaria de ter ouvido e as brigas e raivas desnecessárias. Mas hoje quero ser curado de todo esse mal que me impede de ser um cristão autêntico. Fazei-me de novo, Senhor, para que eu possa renascer mais feliz e transformado de meu sono.

Vinde, Espírito de Cura, concedei-me um sono tranquilo e um despertar feliz.

"E percorria Jesus todas as cidades e aldeias, ensinando nas sinagogas, pregando o evangelho do reino e curando toda sorte de doenças e enfermidades" (Mt 9,35).

Hélcio Vicente Testa

VINDE, ESPÍRITO DE CORAGEM

O meu cansaço físico não deve confundir-se com o meu cansaço espiritual. O cansaço físico se resolve com uma boa noite de sono, porém o meu cansaço espiritual somente se resolve com muita perseverança na oração.

Muitas vezes desanimo e me deixo levar pela minha falta de fé. Mas hoje quero sentir-me forte na fé e comprometido com a busca da superação do desânimo, pois sei que vós, Senhor, nunca desanimais de nós, vossos filhos, e acreditais sempre em nossa conversão.

Quero ser firme nas minhas orações, para que todo desânimo espiritual seja banido de minha vida e meu cansaço seja transformado em ânimo para estar cada vez mais próximo de vós, na oração, no amor e no perdão.

Vinde, Espírito de Coragem, concedei-me um sono tranquilo e um despertar feliz.

"Quanto a mim, estou cheio do poder do Espírito do Senhor, assim como de justiça e de coragem" (Mq 3,8).

Hélcio Vicente Testa

VINDE, ESPÍRITO DE HARMONIA

Nesta noite quero entrar em harmonia com a natureza que me cerca, obra de vossas sábias mãos criadoras, que fez a noite e o dia, que coordena os astros e as estrelas. Sei que enquanto estiver dormindo vós estareis preparando a harmonia das cores do sol no amanhecer, do canto dos pássaros e da flor que irá desabrochar. Todas as cores, formas e sons foram criados por vós, para que fôssemos

não somente apreciadores, mas também continuadores de vossa obra. Embora na maioria das vezes somos mais destruidores que colaboradores de vossa criação. Que em meu repouso eu possa sentir que sou parte integrante dessa imensa sinfonia e que sou importante como criatura vossa, assim como o são as aves do céu e os lírios do campo.

Vinde, Espírito de Harmonia, concedei-me um sono tranquilo e um despertar feliz.

"Olhai para as aves do céu, que não semeiam, nem ceifam, nem ajuntam em celeiros; e vosso Pai celestial as alimenta" (Mt 6,26).

Hélcio Vicente Testa

VINDE, ESPÍRITO COMPANHEIRO

A solidão é uma constante em nossa vida, porém existem vários tipos de solidão. Há a solidão desejada, aquela que buscamos nos momentos fortes de oração, quando queremos entrar em profunda sintonia com vós.

Porém há a solidão daqueles que foram abandonados, a solidão dos que estão distantes dos seus, a solidão das prisões, dos asilos, dos hospitais, a solidão forçada por uma circunstância da vida, por uma imposição da história. Nesta noite que se inicia quero trazer a solidão da oração para dentro do meu coração e rezar por todos os solitários que estão sentindo o frio do abandono. Que minha oração leve para cada um o consolo de estarmos sempre acompanhados de vós, que nos ama infinitamente.

Vinde, Espírito Companheiro, concedei-me um sono tranquilo e um despertar feliz.

"Consolará a todos os seus lugares assolados e fará o seu deserto como o Éden e a sua solidão como o jardim do Senhor" (Is 51,3).

Hélcio Vicente Testa

VINDE, ESPÍRITO DE DISCERNIMENTO

Os bens materiais que me cercam foram frutos de trabalho e de esforço pessoal, porém não podem transformar-se na razão máxima de meu viver, pois os bens materiais se acabam com o tempo, tudo passa e envelhece. Somente os bens espirituais são eternos, pois estão em relação ao eterno, ao imutável, e também devem ser conquistados a partir de meu esforço pessoal. Muitas pessoas colocam os bens materiais acima de outros valores da vida, em nome do ter desprezam-se valores como honestidade, solidariedade e justiça.

Ajudai-me, Senhor, para que possa dormir tranquilo, colocando a minha cabeça no travesseiro, com a certeza de que os valores que respeitam o ser humano estiveram presentes no meu dia, e que não coloquei os bens materiais acima do bem maior de vossa criação, que somos nós.

Vinde, Espírito de Discernimento, concedei-me um sono tranquilo e um despertar feliz.

"Ajuntai para vós tesouros no céu, onde nem a traça nem a ferrugem os consumem, e onde os ladrões não minam nem roubam" (Mt 6,20)

Hélcio Vicente Testa

VINDE, ESPÍRITO, FORÇA NO TRABALHO

Para podermos alcançar os nossos objetivos temos de gastar tempo e paciência, temos de trabalhar para ver nossos sonhos realizados.

Os sonhos materiais precisam de nossa força física, e nos cansamos para alcançar aquilo que nos trará a tranquilidade e a estabilidade. O desânimo se abate sobre nós. No dia de hoje pude gastar minha energia física em meu trabalho, embora muitas vezes sinta o desânimo se abater sobre mim, quero louvar o cansaço que hoje sinto quando tantas pessoas se cansaram em busca de ocupação, em busca de arranjar uma forma honesta de sustentar sua família, pessoas que estão deitando-se na incerteza do dia de amanhã. Como é bom, Senhor, sentir o cansaço de um dia de trabalho e ter a certeza de que o sono irá refazer minha força física, para amanhã estar pronto para mais um dia em que poderei contribuir para o progresso e bem-estar de minha família.

Vinde, Espírito, Força no trabalho, concedei-me um sono tranquilo e um despertar feliz.

"Mas Jesus lhes respondeu: Meu Pai trabalha até agora, e eu trabalho também" (Jo 5,17).

Hélcio Vicente Testa

VINDE, ESPÍRITO DE AUTENTICIDADE

Nesta noite quero rezar e pedir vosso auxílio, para que eu busque no meu dia a dia ser autêntico com todos aqueles que me cercam.

Deixar de agir com falsidade, com mentiras e ser transparente nas minhas relações. No desenrolar do dia temos inúmeras oportunidades de agir de forma clara com as pessoas, mas nos deixamos levar pela mentira, para manter a aparência, para ser o que não somos. Como é ruim viver em mentiras, como é ruim tentar enganar os outros. E vós, Senhor, que sois a Verdade que nos liberta, ireis ajudar-me a buscar a autenticidade em minha vida. Quero dormir nesta noite e despertar com o firme propósito de não viver no erro da mentira.

Vinde, Espírito de Autenticidade, concedei-me um sono tranquilo e um despertar feliz.

"Seja, porém, o vosso falar: Sim, sim; não, não; pois o que passa daí, vem do Maligno" (Mt 5,37).

Hélcio Vicente Testa

VINDE, ESPÍRITO DE VERDADE

Vivemos num mundo onde a mentira e a verdade lutam constantemente, onde os valores de respeito, de fraternidade, de justiça são muitas vezes vencidos pelo desrespeito, pela discórdia e pela injustiça. Os valores da mentira estão tão presentes em nossa vida que achamos normal o enganar, o tentar tirar vantagem sobre os outros, o agir de forma desonesta. Se acredito que sois a Verdade, se aceito que podeis agir em mim, quero ter forças para descartar de minha vida tudo aquilo que representa a mentira. Que eu possa adormecer nesta noite com esta oração em meus lábios: Senhor, fazei-me perseverante na verdade. E que possa despertar com a certeza de que é possível ser um sinal da verdade dentro de um mundo de tantas injustiças, corrupções e mentiras.

Vinde, Espírito de Verdade, concedei-me um sono tranquilo e um despertar feliz.

"Agora, pois, temei ao Senhor, e servi-o com sinceridade e com verdade" (Js 24,14).

Hélcio Vicente Testa

VINDE, ESPÍRITO DE INTERCESSÃO

Dentro de nosso egoísmo nos esquecemos que vivemos constantemente unidos como família, como comunidade, como sociedade, como Povo de Deus. E, em nossa mesquinhez, não nos colocamos em atitude de nos esquecer um pouco de nossos problemas e rezar pelos outros. Fazei-me, Senhor, um intercessor pelos problemas dos outros, ajudai-me a romper o círculo do egoísmo, auxiliai-me a conseguir orar pelos meus irmãos e irmãs, que já perderam a esperança. Que meu coração desperte para essa necessidade e que eu possa colocar de lado os meus pequenos problemas, percebendo as preocupações dos que já estão cansados e abatidos. Que o sol de amanhã traga a luz para meu ser e que eu possa dedicar-me mais ao serviço de intercessor das necessidades de meu próximo.

Vinde, Espírito de Intercessão, concedei-me um sono tranquilo e um despertar feliz.

"Se um homem pecar contra outro, Deus o julgará; mas se um homem pecar contra o Senhor, quem intercederá por ele?" (1Sm 2,25).

Hélcio Vicente Testa

ORAÇÕES À SANTÍSSIMA TRINDADE

EM NOME DO PAI

Em nome do Pai e do Filho e do Espírito Santo. Amém.

SINAL DA CRUZ

Pelo sinal † da Santa Cruz, livrai-nos, Deus, † nosso Senhor, dos nossos † inimigos.

GLÓRIA AO PAI

Glória ao Pai, ao Filho e ao Espírito Santo. Como era no princípio, agora e sempre. Amém.

PROCLAMAÇÃO DE NOSSA FÉ

Creio em Deus Pai todo-poderoso, criador do céu e da terra; e em Jesus Cristo, seu único Filho, nosso Senhor, que foi concebido pelo poder do Espírito Santo; nasceu da Virgem Maria; padeceu sob Pôncio Pilatos, foi crucificado, morto e sepultado; desceu à mansão dos mortos; ressuscitou ao terceiro dia, subiu aos céus; está sentado à direita de Deus Pai todo-poderoso, donde há de vir a julgar os vivos e os mortos. Creio no Espírito Santo, na Santa Igreja Católica; na comunhão dos santos; na remissão dos pecados; na ressurreição da carne; na vida eterna. Amém.

ATO DE FÉ

Ó meu Deus, creio firmemente que sois um só Deus em três Pessoas divinas, Pai, Filho e Espírito Santo; creio que vosso Filho divino se fez homem e morreu por nossos pecados, e que ele virá julgar os vivos e os mortos. Creio nestas e em todas as verdades que ensina a santa Igreja católica, porque as revelastes e vós não podeis enganar nem ser enganado.

ATO DE ESPERANÇA

Ó meu Deus, confiante na vossa bondade infinita e nas vossas promessas, espero alcançar o perdão de meus pecados, o auxílio de vossa graça e a vida eterna, pelos merecimentos de Jesus Cristo, meu Senhor e Redentor.

ATO DE CARIDADE

Ó meu Deus, eu vos amo sobre todas as coisas, de todo o meu coração e com toda a minha alma, porque sois infinitamente bom e digno de todo o meu amor. Por amor de vós amo ao meu próximo como a mim mesmo. Perdoo a todos que me ofenderam e peço perdão a todos a quem ofendi.

ATO DE CONTRIÇÃO

a) Meu Deus, arrependo-me dos meus pecados de todo o meu coração. Escolhendo o caminho do mal e deixando de fazer o bem, pequei contra vós a quem eu deveria amar sobre todas as coisas. Mas proponho firmemente, com vosso auxílio, fazer penitência, não mais pecar, e evitar tudo o que me leva ao pecado. Nosso Salvador Jesus Cristo sofreu e morreu por nós. Em seu nome, meu Deus, vos peço: tende compaixão de mim.

ou

b) Ó meu Deus, arrependo-me dos meus pecados, porque ofendi a vós. Sei que eu deveria vos amar sobre todas as coisas. Ajudai-me a fazer penitência, a agir melhor e a evitar tudo quanto possa me levar ao pecado. Amém.

ou

c) Qualquer oração espontânea (sua) com Deus, mostrando que você está arrependido e quer corrigir seu comportamento e evitar o que conduz ao pecado, é um bom ato de contrição.

SÚPLICA À SANTÍSSIMA TRINDADE

Glória ao Pai que por seu poder me tirou do nada, e me criou à sua imagem e semelhança! Glória ao Filho que por amor me libertou do inferno e me abriu a porta do céu! Glória ao Espírito Santo que por sua misericórdia me santificou no Batismo, e opera continuamente minha santificação pelas graças que todos os dias recebo de sua infinita bondade! Glória às três Pessoas da Santíssima Trindade, como era no princípio, e agora e sempre e por todos os séculos dos séculos! Eu vos adoro, Trindade beatíssima, com devoção e profundo respeito:

e vos dou graças por nos haverdes revelado tão glorioso e inefável mistério. Humildemente vos suplico me concedais que, perseverando até a morte nesta crença, possa ver e glorificar no céu o que firmemente creio na terra; um Deus em três Pessoas distintas: Pai, Filho e Espírito Santo. Amém.

CONSAGRAÇÃO À SANTÍSSIMA TRINDADE

Trindade Santíssima — Pai, Filho, Espírito Santo — presente e agindo na Igreja e na profundidade do meu ser. Eu vos adoro, amo e agradeço. E pelas mãos da Virgem Maria, minha Mãe Santíssima, eu me ofereço, entrego e consagro inteiramente a vós, nesta vida e para a eternidade.

Pai Celeste, a vós me ofereço, entrego e consagro como filho(a).

Jesus Mestre, a vós me ofereço, entrego e consagro, como irmão(a) e discípulo(a).

Espírito Santo, a vós me ofereço, entrego e consagro, como "templo vivo", para ser santificado(a).

Maria, Mãe da Igreja e minha Mãe, vós que estais na mais íntima união com a

Santíssima Trindade, ensinai-me a viver em comunhão com as três divinas Pessoas, a fim de que a minha vida inteira seja um hino de glória ao Pai, ao Filho e ao Espírito Santo. Amém.

Pe. Tiago Alberione

SAUDAÇÃO À SANTÍSSIMA TRINDADE

Bendito seja o santo Nome do Senhor.
Bendita seja a Santíssima Trindade.
Agora e sempre, e por todos os séculos.
Amém.
Glória ao Pai que nos criou.
Glória ao Filho, que nos remiu.
Glória ao Espírito Santo,
que nos santificou.

SÍMBOLO NICENO-CONSTANTINOPOLITANO

Creio em um só Deus, Pai todo-poderoso, criador do céu e da terra,/ **de todas as coisas visíveis e invisíveis.**/ Creio em um só Senhor, Jesus Cristo,/ Filho unigênito de Deus,/

nascido do Pai antes de todos os séculos:/ Deus de Deus, luz da luz,/ Deus verdadeiro de Deus verdadeiro,/ **gerado, não criado, consubstancial ao Pai./** Por ele todas as coisas foram feitas./ **E por nós, homens, e para nossa salvação, desceu dos céus:/** e se encarnou pelo Espírito Santo,/ no seio da Virgem Maria, e se fez homem./ **Também por nós foi crucificado sob Pôncio Pilatos;/ padeceu e foi sepultado./** Ressuscitou ao terceiro dia,/ conforme as Escrituras,/ **e subiu aos céus,/ onde está sentado à direita do Pai./** E de novo há de vir,/ em sua glória,/ **para julgar os vivos e osmortos;/ e o seu reino não terá fim./** Creio no Espírito Santo,/ Senhor que dá a vida,/ e procede do Pai e do Filho;/ e com o Pai e o Filho é adorado e glorificado;/ ele que falou pelos profetas./ Creio na Igreja, una, santa, católica e apostólica./ **Professo um só batismo/ para remissão dos pecados./** E espero a ressurreição dos mortos/ e a vida do mundo que há de vir. **Amém.**

PRECE A DEUS

Deus, por quem tende a ser tudo aquilo que por si só não existiria. Deus, que não permites que pereça nem mesmo aquilo que se destrói. Deus, que do nada criaste este mundo, o qual acham belíssimo os olhos de todos os que o contemplam. Deus, que não fazes o mal e fazes que este não seja pior. Deus, que mostras aos poucos que se aproximam do que é verdadeiro, que o mal é nada. Deus, por quem todas as coisas são perfeitas, ainda com a parte que lhes toca de imperfeição. Deus, por quem se atenua ao máximo qualquer dissonância quando as coisas piores se harmonizam com as melhores. Deus, a quem amam, consciente ou inconscientemente, todos os que possam amar. Deus, em quem todas as coisas subsistem e para quem, contudo, não é torpe a torpeza de qualquer criatura, a quem não prejudica a sua malícia nem o afasta o seu erro. Deus, Pai da verdade, Pai da Sabedoria, pai da verdadeira e suprema vida, Pai da felicidade, Pai do que é bom e belo, Pai da luz inteligível, Pai do nosso desvelo e iluminação, Pai da garantia pela qual somos aconselhados a retornar a ti.

Santo Agostinho († 430) — Solilóquios

ORAÇÃO DE SÃO FRANCISCO À SANTÍSSIMA TRINDADE

Vós sois o santo Senhor e Deus único,
que operais maravilhas.
Vós sois o Forte.
Vós sois o Grande.
Vós sois o Altíssimo.
Vós sois o Rei onipotente, santo Pai,
Rei do céu e da terra.
Vós sois o Trino e Uno, Senhor e Deus,
Bem universal.
Vós sois o Bem, o Bem Universal, o sumo
Bem, Senhor e Deus, vivo e verdadeiro.
Vós sois a delícia do amor.
Vós sois a Sabedoria.
Vós sois a Humildade.
Vós sois a Paciência.
Vós sois a Segurança.
Vós sois o Descanso.
Vós sois a Alegria e o Júbilo.
Vós sois a Justiça e a Temperança.
Vós sois a plenitude da Riqueza.
Vós sois a Beleza.
Vós sois a Mansidão.
Vós sois o Protetor.
Vós sois o Guarda e o Defensor.

Vós sois a Fortaleza.
Vós sois o Alívio.
Vós sois nossa Esperança.
Vós sois nossa Fé.
Vós sois nossa inefável Doçura.
Vós sois nossa eterna Vida, ó grande
e maravilhoso Deus, Senhor onipotente,
misericordioso Redentor.

ORAÇÃO DE AGRADECIMENTO À SANTÍSSIMA TRINDADE

Obrigado, Senhor, Deus Santo e fonte de toda santidade.

Nós te louvamos, Trindade Santa, Pai, Filho e Espírito, pois nos ofereces a possibilidade de participar de tua vida.

Nós te agradecemos, pois nos colocas tantos santos vivos, ao nosso lado.

Homens e mulheres de carne e osso, limitados como nós, mas cheios da tua graça, como esponjas encharcadas de água.

Obrigado pelos santos que já estão na tua glória, gozando da tua presença e intercedendo por nós.

E especialmente, nós te agradecemos Maria, que está tão perto de ti e tão perto da gente.

Por sua bondade, seu carinho de mãe, seu poder, que vem somente de ti.

Com Maria, nós dizemos: "O Senhor fez em mim maravilhas, santo é seu nome" (Lc 1,49).

CNBB

ORAÇÃO DA MANHÃ À SANTÍSSIMA TRINDADE

Santíssima e augustíssima Trindade, um só Deus em três pessoas, creio que estais aqui presente. Eu vos adoro com os sentimentos da mais profunda humildade e vos rendo de todo o meu coração as homenagens que são devidas à vossa soberana majestade. Meu Deus e Senhor, humildemente vos agradeço todos os benefícios que até aqui me tendes feito, reconhecendo que por particular graça me fizestes chegar a este dia, o qual quero empregar em vosso santo serviço. Para este fim, vos ofereço desde já todos os meus pensamentos, palavras e ações, todos os meus trabalhos e moléstias, como também proponho fugir do pecado. Concedei-me, Senhor, vos suplico, vossa graça, para que guarde esta resolução e não pratique ação alguma que não seja animada de vosso amor e que não vá dirigida à vossa maior glória. Amém.

Ó MEUS TRÊS

Ó meu Deus, Trindade que eu adoro, ajudai-me a me esquecer inteiramente para me estabelecer em vós, imóvel e pacífico, como se minha alma já estivesse na eternidade.

Que nada possa perturbar a minha paz nem me fazer sair de vós, ó meu Imutável, mas que cada minuto me leve mais longe, na profundeza de vosso Mistério.

Pacificai minha alma: fazeis em vosso céu nossa morada amada e o lugar do vosso repouso; que eu não vos deixe mais sozinho, mas que eu esteja lá todo inteiro, todo vivo em minha fé, todo adorante, todo entregue à vossa ação criadora.

Ó meu Cristo amado, crucificado por amor, eu quereria ser uma esposa para o vosso coração; quereria cobrir-vos de glória, quereria amar-vos até morrer. Mas sinto minha fraqueza, e vos peço que me revistais de vós mesmo, que identifiqueis minha alma com todos os movimentos de vossa alma; que eu seja submerso, invadido e substituído por vós, a fim de que minha vida não seja senão a irradiação de vossa vida. Vinde a mim como adorador, reparador e salvador.

Ó Verbo eterno, palavra do meu Deus, eu quero passar minha vida a vos escutar, quero tornar-me discípulo, para tudo eu aprender de vós; pois através de todas as noites, de todos os vazios e de todas as incapacidades, eu quero me fixar sempre e morar sob a vossa grande luz: ó meu Astro amado, fascinai-me para que não possa mais afastar-me da vossa irradiação.

Ó fogo devorador, Espírito de amor, vinde sobre mim, a fim de que se realize em minha alma algo como uma encarnação do Verbo; que eu lhe seja uma humanidade a mais, na qual ele renove todo o seu mistério.

E vós, ó Pai, inclinai-vos para a vossa pequena criatura, não vendo nela senão o vosso bem-amado, no qual pusestes todas as vossas complacências.

Ó meu Três, meu tudo, minha beatitude, solidão infinita, imensidade onde me perco, eu me entrego a vós como uma presa, sepultai-vos em mim, para que eu me sepulte em vós, esperando ir contemplar, em vossa luz, o abismo de vossas grandezas.

Elizabeth da Trindade († 1906)

HINO A DEUS

Ó tu que estás acima de tudo,
poema algum pode celebrar-te,
palavra alguma pode exprimir-te.
És inefável,
mas tudo o que se diz procede de ti!
Todos os seres te celebram: os que falam
e os que permanecem mudos.
O universal desejo,
o gemido de todos os seres aspira por ti.
Tudo o que existe te invoca.
Todo o ser que sabe ler teu universo
eleva para ti um hino de silêncio.
Tudo o que subsiste, subsiste em ti.
O impulso do universo para ti se precipita.
És o único termo de todos os seres,
És cada um deles e não és nenhum.
Não és solitário e não és o conjunto:
possuis todos os nomes.
Como te chamarei?
Ó ser que tudo sobrepuja,
Tem piedade de mim!

São Gregório Nazianzeno († 390)

MEU DEUS, TRINDADE QUE ADORO

Meu Deus, Trindade que adoro, ajudai-me a esquecer inteiramente de mim mesma para me fixar somente em vós, imóvel e tranquila como se minha alma já estivesse na eternidade. Nada possa perturbar minha paz nem lançar-me para fora de vós, ó Deus imutável, mas que em todo instante eu mergulhe sempre mais na profundidade do vosso mistério.

Dai a paz à minha alma, transformai-a em vosso céu, em vossa habitação predileta e lugar de vosso repouso. Que eu não vos deixe jamais sozinho, mas esteja presente em vós, com fé viva, mergulhada na adoração, abandonada piedosamente em vossa ação criadora.

Jesus, meu querido, crucificado por amor, eu desejaria cobrir-vos de glória, desejaria amar-vos mesmo com a morte, mas sinto a minha fraqueza e peço para me revestir de vós, para identificar a minha alma com todas as emoções de vossa alma, para mergulhar em mim, invadir-me, substituir-me, para que a minha vida seja um reflexo de vossa vida. Vinde como Adorador, como Reparador, como Salvador.

Ó Verbo eterno, Palavra de meu Deus, desejo passar minha vida ouvindo-vos. Desejo tornar-me dócil aos vossos ensinamentos para aprender tudo de vós. E assim, nas trevas do espírito, no meu vazio, na minha fraqueza, desejo fixar meu olhar em vós e permanecer na luz do vosso resplendor. Ó meu astro adorado, encantai-me, a fim de que eu não possa mais afastar-me de vossa luz.

Ó fogo devorador, Espírito de amor, pousai sobre mim, para que se faça em minha alma como uma nova encarnação do Verbo, e eu seja uma humanidade unida a ele, renovando o seu mistério.

E vós, ó Pai, dignai-vos curvar-vos diante de vossa pobre criatura, e vede nela somente vosso Filho querido em quem pusestes todas as vossas complacências.

Ó minha Trindade, meu tudo, minha felicidade, solidão infinita, imensidão em que me perco, eu me entrego a vós como uma presa. Mergulhai em mim para que eu mergulhe em vós, esperando conseguir contemplar em vossa luz o abismo de vossa grandeza.

HINO DOS ROMEIROS DA TRINDADE

Somos povo de Deus caminhando
para a luz da Trindade sem véu.
Se à Trindade aqui vimos rezando,
somos todos romeiros do céu.

Pelo Espírito Santo guiados,
demandamos à Casa do Pai.
Para nós, em Deus-Filho irmanados,
uma voz vem do céu: Caminhai!

Vendo a Virgem coroada de glória,
junto a Deus no seu trono de luz,
compreendemos que a nossa vitória
é conquista de amor pela cruz.

Nossa fé, testemunho profundo,
alimenta-se em graça e oração.
Consagrar para Deus este mundo,
há de ser nosso anseio cristão.

LER A BÍBLIA QUANDO...

Há um texto bíblico para cada situação, para cada ocasião. Porque os autores sagrados são pessoas que passaram, como nós, pelas mais diferentes condições e retrataram nos textos inspirados os seus sentimentos.

Vão aqui algumas sugestões para você aplicá-los às diversas situações que encontra na vida.

• Somos perseguidos ou caluniados: Sl 10; 12; 120;140; Jr 20,7-13; Mt 10,17-25

• Somos tentados: Sl 73; 141; Dt 8,1-16; Mt 4,1-11; Tg 1,12-15

• Estamos profundamente arrependidos: Sl 51; Jó 42,1-6; Lc 15,1-32; 1Jo 3,3-24

• Não sabemos que rumo tomar: Sl 1; Dt 30,15-20; Mq 6,1-8; Jo 3,1-21; Rm 7,14-25

• Achamos a vida inútil e sem sentido: Sl 90; Ecl 4,1-12; Lc 24,12-35

• Estamos revoltados contra a injustiça e a opressão: Sl 58; 94; 101; Is 33,1-6; Hb 2,5-20; Jo 10,1-21

• Sentimos dificuldades em perdoar alguém: Sl 130; Jn 1,3; Mt 18,23-35; 1Cor 13,1-13

• Deus nos parece distante: Sl 139; Mt 6,25-34; Fl 4,4-9

• Necessitamos de confiança e refúgio: Sl 3; 27;42; 56; 61; 63; Dt 32,1-4; Mt 11,28-30

• Achamos que não adianta rezar: Sl 4; 6; Lc 11,1-13; Jo 17

• Estamos doentes: Sl 38; 88; 102; Tg 5,11-15

• Conseguimos sair vitoriosos numa dificuldade ou reivindicação: Sl 18; 118; Êx 15,1-21; Jt 16,1-17; Is 42,10-17

• Queremos agradecer: Sl 40; 113; 138; Dn 3,57-88; Lc 1,46-55; Ap 15,3-4

• Vamos participar do culto na igreja: Sl 15; Is 1,10-20; Lc 18,9-14; Tg 2,14-26